# EL CEMENTERIO DE ARTE
o
# MUSEO-MAUSOLEO DE MORILLE
Piezas 1-58

MARÍA JOSÉ GIL SÁNCHEZ

# EL CEMENTERIO DE ARTE
## o
# MUSEO-MAUSOLEO
# DE MORILLE

## Piezas 1-58

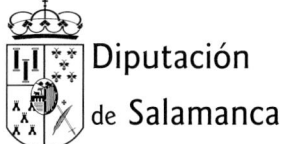

Diputación
de Salamanca

EDICIONES DE LA DIPUTACIÓN DE SALAMANCA
SERIE ARTE, N.º 29

e-mail: ediciones@lasalina. es
http//www. lasalina.es/cultura

I.S.B.N.: 978-84-7797-773-5
Depósito Legal: S. 143-2025

Imprime: OFFIPRINT

A Florencio Bermejo Parra,
*in memoriam*

# ÍNDICE

# El Cementerio de Arte de Morille

Manuel Ambrosio Sánchez Sánchez
*Alcalde de Morille*

La publicación de este libro obedece a la necesidad de responder a la creciente demanda de información acerca del sentido del Cementerio de Arte, y de las distintas piezas o proyectos enterrados en él, por parte de interesados, entusiastas y detractores.

Siempre he sostenido que el principal potencial de este Museo-Mausoleo, único en el mundo, es su polisemia, quiero decir, las múltiples y complejas posibilidades de interpretación o de lectura que ofrece desde su propia génesis. Esta idea básica, y en mi opinión genial, la de meter en un hoyo todo aquello que, desde un punto de vista artístico, lo mereciera, se la debemos a Domingo Sánchez Blanco y a Javier Utray. Tras el fallecimiento de Utray en 2008 (su presencia, con las corbatas colgando de las encinas, se percibe limpia cuando paseas entre las lápidas), Domingo sigue desplegando la misma energía y el mismo entusiasmo que mostraba cuando lo conocí hace más de treinta años. El Cementerio de Arte (y esto constituye otro de sus recursos singulares) es una iniciativa colectiva, una suma de empeños, pero sin el esfuerzo de cada una de las personas que han participado en esta utopía no habría sido posible, comenzando y terminando por Domingo: él es el motor del Cementerio.

Es posible que haya artes distintos dependido de los usuarios, acaso (por resumir) uno para las élites y otro para el pueblo llano. A mí, que lo dudo, me interesa la cosa total, sin distingos, con el único e imprescindible requisito del protagonismo colectivo de la comunidad en la que se inserta y de los individuos que la componen: sin ese papel activo de sus receptores, ¿qué arte existe? El Museo-Mausoleo de Morille lo hacen los artistas que ceden sus piezas, los vecinos y visitantes que procesionan, los comentaristas y reporteros con sus análisis y cada individuo que agarra una pala o un rastrillo para enterrarlas.

Esto no significa, en modo alguno, que a todos y cada uno deba gustarnos cada proceso o pieza enterrada en el Cementerio, ni tampoco que demos por bueno el proyecto como tal, de igual forma que puede despertar nuestro entusiasmo o rechazo cualquier muestra de cualquier sala o aburrirnos el Louvre.

En cualquier caso, no tengo duda de la bondad del Cementerio de Arte en términos, digamos, municipales: es el buque insignia del conjunto de iniciativas artísticas y culturales, es decir, económicas, de Morille. Y no sólo esto: ahora que usamos tanto el témino «sinergias», el Museo-Mausoleo se constituye en el centro de un conjunto de dinámicas de emprendimiento y progreso, algunas ya reales, otras inmediatas o posibles, que desborda con mucho los 23 kilómetros cuadrados de nuestro término, y en las que se conjugan las iniciativas públicas y privadas…

Se recogen en este libro los 58 primeros enterramientos que yacen en el Cementerio, el último de noviembre de 2018. Si María José Gil y Jesús Málaga, autores básicos de este repertorio, hubieran incluido los siguientes (no hablo ya de los que están en lista de espera), no habrían dado fin a la urgencia de ofrecer a un público creciente esa información básica que demandan. Medios habrá en el Centro Documental ya concluido y en el propio Museo para disponibilizar los miles de documentos (vídeos, fotos, registros textuales y sonoros) que ha generado esta más que meditada ocurrencia desde el 17 de diciembre de 2005.

Más abajo, en la «Nota previa», quienes hemos participado en la confección de este libro agradecemos la colaboración de esa multitud que hace vivo el «Mausoleo» de Morille; a los nombres que se citan ahí quiero añadir el de la Diputación Provincial de Salamanca, por hacer posible la publicación de estas páginas, y de manera concreta el de David Mingo, Diputado de Cultura, con quien me unen los lazos del diálogo, de búsqueda del bien común y del respeto mutuos, principios humanistas a los que no es ajeno, en modo alguno, el Cementerio de Arte de Morille.

# ENTRE COOL Y COOL, LECHUGA

DOMINGO SÁNCHEZ BLANCO

Los cambios de paradigmas pueden ser ideológicos, estructurales o simplemente orgánicos, acciones amplificadas en el arte (el arte es un todo), los tipos de sustancias del arte que se alternan para aportar miradas de las relaciones que el ser humano tiene con el mundo que le toca vivir.

La vida de la obra es una cosa y el alma de la obra es otra, aporta una dimensión más absoluta porque recae con mayor libertad en el espacio neuronal, en el centro de la propia persona, eso es la medida en que depende de uno mismo.

Contra, en contra, la resistencia de una sociedad no es suficiente para seguir muriendo.

El Museo Mausoleo no es para cambiar el arte es para tener más amplios conceptos sobre él.

La propia habitabilidad de la obra recluida en la cabeza antes de ser formalizada es una forma de enterramiento en vida, igual que posteriormente llevarla al espacio escavado en la tierra. Una obra no importa que pase a la posteridad, es importante vivirla como presente para que desde su energía genere un futuro más amplio.

La idea de un espacio global, terrenal que precipite la expansión de sus energías, como puede ser el Museo Mausoleo sera la salvación de parte de la catástrofe a corto plazo, es un espacio higiénico para evitar el tiempo inmediato de la desaparición. Hará cambiar conciencias y la dominación de ese poder que siempre ejercen los artistas. El arte no domina nada, complementa la esencia con la intuición de esa separación de poderes. El arte hoy debe de ser capaz de ser útil y hacer superar el sufrimiento y el mal.

No creo en el contexto, no hay forma de ver el estado actual contemporáneo de no ser a través del conocimiento total.

Nuestra sociedad es simple, primitiva, no ha desarrollado el estado que necesita, no quiero que ese espacio, Museo Mausoleo sea una colección de hombres, quiero un lugar de acogida final, festivo con la cercanía de un pueblo, un pueblo fiable y con buen gusto. Este sitio, fuera de contexto, no se encarga de definir protocolos, sólo de la supervivencia.

# DEMORARSE Y APRENDER A MORAR. CITA INEVITABLE EN UNA LITURGIA SIN FINAL

FERNANDO CASTRO FLÓREZ

Acaso lo que Holbein nos ha legado en su extraordinaria *Danza macabra* sea la certeza de que uno está perdido aunque se ría. Sabemos que los locos y los bufones tienen un acceso privilegiado al mundo de los muertos, que ese *Valle sin Retorno* (el doble o la inversión de nuestro mundo) es «transitable» por los que están, literalmente, fuera de lugar. Las bufonadas, farsas y danzas en el espacio sagrado o en el recinto de los muertos han sido, por un lado, propiciadas y, en otro sentido, radicalmente prohibidas, considerándolas, nada más y nada menos, que actos diabólicos. El loco sigue el paso de la muerte que toca la gaita, aunque el gesto del dedo índice en el labio revele un raro momento de lucidez, una sospecha frente a su alegre compañía que tiene algo de espejo indeseado. Entre la duda y aquella invocación al silencio continúa el bailoteo, que podría calificarse de *improcedente.* La música, lo sabemos, no cesa ni cuando el naufragio es inevitable (conciencia amarga de los «hombres póstumos» que quisieron *salvar sus almas* cuando el orgullo de la técnica, el Titanic, se iba a pique) e incluso en la fiesta, mientras unos beben vino en grandes cantidades y otro vomita (recuerdo, oportuno según creo, de la grandeza siniestra, familiar y reprimida de Brueghel), la muerte disfrazada sigue cumpliendo con su horrenda tarea. Toda danza es una pantomima de metamorfosis que tiene que convertir al bailarín en dios, demonio o en una forma existencial que anhela algo diferente de la pesadez erosionada del mundo. Necesitamos las máscaras para facilitar esa transformación; este acto puede propiciar un retorno de lo reprimido, sobre todo cuando seguimos *rumbo a peor,* en este tiempo desquiciado en el que la destrucción genera un placer estético de primer orden y la forma de vida está amenazada, literalmente, por el *desahucio* de una sociedad sometida al imperativo pre-nietzscheano de la deuda y la mala conciencia. El bailoteo (casi epiléptico) llega a hartar, especialmente cuando la cosa está muy chunga. Volvemos, inconscientemente, a aquel cansancio (barroco) del espectáculo. Las coreografías epigónicas querrían retornar al espíritu grotesco del carnaval, aquel extraordinario «mundo al revés» en el que el bufón era el rey.

Un filósofo serio como un bloque de granito (Adorno, para más señas) sugirió que Museo y Mausoleo comparten más de lo que imaginamos e incluso pueden estar abrazados en franca pasión etimológica. Lo cierto es que las obras de arte están rígidas y a temperatura constante, algo sospechoso o inquietante. Además, el silencio ritual y los rostros circunspectos de los que frecuentan esos andurriales hacen pensar que la muerte está en ese paraíso de las musas. Domingo Sánchez Blanco (artista charro y bizarro, capaz de asumir el rol de boxeador, actor porno o conferenciante que adoctrina a champiñones) y Fabio Rodríguez de la Flor (escritor y editor que se atreve a publicar libros con el sello Delirio) me implicaron hace una década en la perversa tarea de fundar el Museo-Mausoleo de Morille; en ese pequeño pueblo de 260 habitantes, situado a unos veinte kilómetros de Salamanca se venían haciendo desde hace años unas celebraciones poéticas «pánicas», esto es, en torno al pan, en la que han «actuado», entre otros, Los Torreznos o Ajo. No contento con estos desatinos, Manuel Ambrosio, alcalde-académico de este pueblo, apoyó el delirio funerario ofreciendo 76.000 metros cuadrados cerca del campo de fútbol. El 17 de diciembre del 2005 se inauguró el *asunto* con un cortejo patético en toda regla: un cochero con capa castellana y sombrero con telarañas, un carruaje tirado por un magnífico caballo negro, dos bandas de música tocando al pairo de la situación, un coche tuneado e incluso unos tipos que hicieron acrobacias break de forma, todo hay que decirlo, bastante patatera. Desde el pueblo, por una calleja llena de charcos llegamos al camposanto en el que ya estaban preparadas las dos tumbas: una enorme para el Pontiac de Javier Utray, la otra pequeñísima para las cenizas de Pierre Klossowski, el teólogo pornógrafo, recogidas por Domingo Sánchez Blanco tras una inefable *road-movie parisina*. Gracias a la condición plúmbea de los discursos, que se lanzaron desde lo alto de una tarima precaria en medio del descampado, se consiguió dar tiempo suficiente para que llegara, vestido de una forma extraña (el sombrero azul, la chupa de cazador, un hacha enfundada en la espalda, una mano con una especie de manto de armiño), el maestro Utray, que vino a decirnos que «el arte es hacer con lo que hay lo que no hay». Sin duda, el momento más imponente de ese *acto fundacional* fue el del coche suspendido por la grúa, entrando justísimo en su sepulcro de hormigón armado. La masa se encaramó a la lápida inamovible con unas ganas tremendas de comprobar que aquello, fuera lo que fuera, quedaba allí para siempre.

Desde entonces se han realizado numerosos *enterramientos*, entre los que destacaré el de 169 lotes de fichas que le «sobraban» a Isidoro Valcárcel Medina de su proyecto *Ir y Venir*, que se presentara en la Fundación Tàpies en el 2002 para itinerar a Murcia y Granada. Un día de perros, justo el año 2008 en el que recibía el Premio Nacional de Artes Plásticas, con gran solemnidad, dentro de un ataúd de cinc (casi se deslomaron los porteadores), dos metros bajo tierra quedaron, para los restos, textos que acaso lean los arqueólogos de un futuro improbable. Apareció, según cuentan, una mujer que tocaba la dulzaina y el tamboril, justo cuando Valcárcel aseguró que la obra estaba «donde tenía que estar». Avelino Sala enterró, ayudado por el malogrado Orson San Pedro y algunos amigos, sus perros realizados con papel adhesivo de celo. El llamado «V Virrey de Sicilia» sepultó una pepita de oro que fue lamentablemente «profanada» días después por unos malhechores. Del actor Paul Naschy se *pasaportaron* algunos de los «fetiches» que había empleado en sus *góticas* y terroríficas (en todos los sentidos) películas. Germán Coppini entregó al reino de la invisibilidad definitiva un pianito recordando sus éxitos que rememoraba como «letanías» que terminaron «muriendo de aburrimiento». En febrero de 2009 se presentó en Morille Fernando Arrabal, envuelto en alfombras, y tras acercarse al mausoleo encaramado en la pala de un tractor, rindió homenaje a Baruch Spinoza devolviendo a las entrañas de la tierra su memorable *Ética more geometrico demonstrata*. Poco después apareció para desaparecer súbitamente la maleta de Alberto Greco, aquel extraño tipo que creo el arte *vivo-dito* y se fue a ejemplificar la cosa a Piedralaves, esto es, a la profundidad rural, donde consiguió ser tomado por un proto-friki (antes de que la rareza se convirtiera en mínimo común denominador para el éxito en el seno de la realidad triturada en forma de show empantanado) con más moral que el Alcoyano. En plenos calores «agosteños», Esther Ferrer puso fin a su *Performance a varias velocidades* que había iniciado en 1987. Otro de los fundadores de Zaj, Juan Hidalgo sepultó en el verano de 2010 un piano en una acción que tituló *Muerte de Claude Monet de Ayacata*, colocando la frase «Sin Epitafio» como justo epitafio. En un acto de absoluta justicia poética, el 11 de julio de 2011, se enterraron cuatro rollos del rodaje de la película *Buried* de Rodrigo Cortés.

No han faltado exhumaciones masivas, ya sean de esculturas procedentes de la Facultad de Bellas Artes del País Vasco, los textos de poetas cuencanos que desde Ecuador nunca pudieron soñar con tan extraño destino o la documentación grabada en Chile por Miguel Herberg en 1973-74 después del golpe de estado de Pinochet. Algunos de los «funerales» del Museo-Mausoleo, algunas de las acciones no han sido otra cosa que homenajes a amigos recientemente fallecidos, como mi paisano el ceramista Jaime Rontomé (del que se enterraron, como corresponde, sus cenizas), el brillantísimo crítico y escritor Quico Rivas al que, como dice su hermoso epitafio, «milagrosamente de beber nunca le faltó. [...] Intentó varios negocios / Ruinosos siempre / presumió de cumplir / aunque no siempre cumplió. [...] Lo que tuvo lo gastó», que, por medio de su hija, nos «legó» sus zapatos, el joven artista Orson San Pedro, que falleció repentinamente cuando estaba, literalmente, maquinando piezas que hasta tenían que ver con el culturismo, del que custodiamos, bajo tierra, un pendrive con algunas de sus obras, o el arquitecto Fernando Higueras, del que se metió bajo tierra la documentación sobre la iglesia de Santa M.ª de Caná en Pozuelo de Alarcón. Ahí toda fama y honor queda, al mismo tiempo, entregados a la memoria más sombría y, tal vez, al olvido inevitable. Algunos realizaron extraños ritos con un júbilo digno de crónicas psicopatológicas, otros entendieron que se trataba de un momento grotesco en la cima o la hondura de lo macabro. No ha faltado nunca lo raro o lo inexplicable, como cuando Vicente del Bosque aceptó enterrar una camiseta de la selección española y un balón cedidos por Adidas, cuando el éxito planetario de la llamada «roja» impedía que las masas pudieran pensar en otra cosa que el gol de Iniesta. Junto a los «funerales mediáticos» han resplandecido los *anómalos,* como el de un Chatarrero, en octubre del 2014, que preparó un ataúd con altavoces de 2000 watios de potencia, dejando a la vista de todos un epitafio revelador: «Se recoge chatarra. Seriedad total». Hay en la Edad Media una creencia popular según la cual los muertos se levantan a medianoche de sus tumbas y realizan una danza en el cementerio antes de salir en busca de nuevas víctimas entre los vivos. La moraleja es evidente: atornillad toda esa bazofia en las paredes de las galerías y los museos, no vaya a ser que tomen el atajo y lleguen vertiginosamente a la última y oscura morada. Allí, en los campos de Morille, tienen un sitio *propio,* un lugar muy serio (un cementerio, en toda regla, para obras de arte contemporáneo), con tumbas de diverso formato, piedras funerarias y epitafios delirantes. Nada de nichos ni adosados.

Como era de presuponer, los enterradores (acaso hermanos, en la distancia, de aquellos descarados con los que conversó Hamlet antes de sostener en sus manos la calavera del bufón Yorick) han seguido entregados a su afanosa tarea. El *camposanto* «museístico» de Morille está, literalmente, plagado de *petrificaciones artísticas*. Lo que comenzó como una «road-movie» (intentando cumplir las «leyes de la hospitalidad» klossowskianas) ha terminado por ser un laberinto de anómalos proyectos *lapidarios*. Más allá de unas corbatas anudadas a las ramas de un árbol se encuentran cosas tan raras como algo que parece un ovni que concitó un tsunami de poetas entregados a la *correspondencia*, unos guardarraíles de carretera con unas botas de motorista como alegoría de antiguos frenesís de estilitas o incluso una tumba en la que se celebró el «entierro de la filosofía» tras la quema de cantidad de libros que no parecían interesar a nadie.

Si Foucault señaló que los museos eran tanto *heterotopías* cuanto heterocronías (espacios donde el tiempo se acumula hasta el infinito: «el tiempo no cesa de amontonarse y de encaramarse sobre sí mismo»), en el caso del *Museo Mausoleo* tendríamos que «patentar» el concepto de *autotopías,* dado que ahí no se amontona nada y tampoco se administra la «cataplasma» de los «espacios otros». Los académicos (atornillados, como corresponde, a sus poltronas, convenientemente «acreditados», «anequizados», «verificados» o burocráticamente *taxidermizados*) pueden seguir pontificando hasta que se derrita el polo norte sobre *mamandurrias curatoriales*, intentando desesperadamente conseguir credenciales como parte de la *jet-set flanêur*, pero para poder decir algo que no sea una completa ridiculez sobre el «camposanto artístico» de Morille tendrán que conducir por una carreterilla estrecha, pisar una pista de tierra y caminar ya en el destino «auto-tópico» entre piedras enormes, leyendo epitafios inquietantes o divertidos y contemplando, en definitiva, lo *extra-ordinario*. No encontraréis, os la aseguro (por más que tengáis nostalgia de la época dorada de ACDC), una *autopista al infierno* sino, más bien, un *lugar único*: sitio de la memoria «donde habita el olvido».

Tenemos, por recuperar la fórmula que contemplaban los gladiadores cuando se encaminaban a su circense y mortal «juego», que «abandonar toda esperanza». No hay una clave «académica» en este *museo desafora*. Ni siquiera nos sirve el *Emporio celestial de los conocimientos benévolos* (aquella enciclopedia china-borgiana que servía para comprender que «no hay descripción del universo que no sea arbitraria y conjetural») para disfrutar de las rarezas que «descansan» en el Museo Mausoleo. Tal vez lo más conveniente, para disfrutar de esta «anomalía estética», sea estar *al tanto* y «apuntarse» a alguna de las acciones-funerarias, participar en el evento, colaborando incluso cuando la tumba está abierta y se precisan de manos dispuestas a agarrar la pala. A veces hay que desembarazarse de la bibliografía o incluso reducir a cenizas la *Crítica de la razón pura* con la certeza de que nada nos purificará para ser «kantianos».

Morille es, no exagero, un *punto singular* que hasta ha servido como pre-texto en la retórica de la «España vaciada», aunque propiamente este pueblo esté *repleto de arte*. Nada quedará olvidado o vacío, al contrario, aquí se ha convocado siempre a la poesía y hasta se ha propuesto una activación (*litúrgica* habría que decir) de lo artístico más allá de todo desánimo. Ese museo-mausoleo nos hace ver que el arte puede *de-morar* el instante fatal[1].

1.  «*Demeure* es un verbo francés de una multiplicidad extrema. Originariamente, *demeurer* significa «posponer para más adelante», designa lo diferido, la demora determinada, también en términos de derecho. La cuestión del retraso siempre me ha tenido ocupado y no opondré el sobrevivir a la muerte. He llegado incluso a definir el sobrevivir como una posibilidad diferente o ajena tanto a la muerte como a la vida, como un concepto original. […] Jamás pude pensar el pensamiento de la muerte o la atención a la muerte, incluso a la espera o la angustia de la muerte, como algo distinto de la afirmación de la vida. Se trata de dos movimientos que, para mí, son inseparables: una atención en todo momento a la inminencia de la muerte no es necesariamente triste, negativa o mortífera, sino por el contrario, para mí, la vida misma, la mayor intensidad de la vida» (Jacques Derrida: *¡Palabra! Instantáneas filosóficas*, Ed. Trotta, Madrid, 2001, p. 41). Esta nota final, casi enterrada en un texto dictado desde la complicidad con Domingo Sánchez Blanco, es, en buena medida un recuerdo de la importancia que tienen las citas, no solamente las bibliográficas, sino aquel «acudir a la cita» sin el que no existiría eso tan raro que se llama amistad.

# Nota previa

El Cementerio de Arte de Morille (también llamado Museo-Mausoleo) surge a iniciativa de los artistas Domingo Sánchez Blanco y el fallecido Javier Utray. Receptivo ante la propuesta, el Pleno del Ayuntamiento de Morille, en sesión celebrada el día 11 de abril de 2005, aprobó destinar una parcela de 76.131 m$^2$ a tal fin (en el paraje de los Centeneros de la Iglesia) y participar activamente en su desarrollo y funcionamiento.

El propósito básico del Cementerio de Arte de Morille es el soterramiento de piezas de reconocido valor artístico y/o vinculadas directamente al ámbito del arte de vanguardia, entendiendo que no es menos importante el proceso que lleva al soterramiento que el soterramiento mismo.

Cada enterramiento (cada proceso) es catalogado y documentado en sus líneas básicas, con el propósito de facilitar, bien sea por internet, en el Cento Documental o en cualquier soporte, un acceso completo y riguroso a las distintas obras.

Estamos ante una propuesta ambigua, compleja y plural: para unos se trata de un «depósito permanente de arte»; para otros de un «museo-mausoleo», de un «centro de arte subterráneo» y también de un «museo cóncavo»; si bien la denominación de «cementerio de arte» se ha impuesto sobre las otras, quizá por la contundencia de los términos.

La pluralidad de enfoques sitúa el Cementerio de Arte de Morille precisamente en la encrucijada que discute la esencia misma de la creación artística (su naturaleza y función social, entre otras consideraciones), no exenta de una evidente dimensión crítica respecto a los fundamentos de la museística actual.

La gran repercusión del proyecto es uno de los indicios del interés que ha despertado tanto entre el público en general como especializado.

El Cementerio de Arte se administra mediante una Gestora, integrada por Domingo Sánchez Blanco (El Gallo, Espacio de Arte Contemporáneo), inspirador, ideólogo y principal activista del proyecto, y el Ayuntamiento de Morille; y a la que se suman otras entidades e instituciones, de manera puntual o variable a lo largo del tiempo; es el caso de la Asociación Cultural El Zurguén de Morille, que se integra y colabora de manera habitual en la iniciativa, y también de la Universidad de Salamanca. En este último caso, el ya desaparecido Grupo de Investigación SDLM («Seminario Discurso, Legitimación y Memoria») de la USAL, con Fabio de la Flor y Fernando Rodríguez de la Flor Adánez a la cabeza, desarrolló un papel fundamental en los primeros años de andadura del Museo-Mausoleo.

A los esfuerzos de la Gestora se suman, en colaboración generosa y continuada, personalidades y entidades del ámbito del arte, de la cultura o de la ciencia, comenzando por los propios artistas que sotierran sus obras o los teóricos que amparan la propuesta. Es el caso de Fernando Castro Flórez, crítico, profesor y comisario, cuyo empeño en favor del Cementerio de Arte no puede pasarse en silencio.

Asimismo diferentes empresas y colectivos de muy diferente tipo han añadido su apoyo para hacer posible esta realidad que es el Cementerio de Arte de Morille.

Quienes hemos colaborado en la confección de este libro queremos manifestar a todos ellos nuestra más profunda y sincera gratitud. Con los nombres propios que se citan en estas páginas mostramos nuestro reconocimiento a los muchos que, por razones obvias, no podemos citar de manera expresa.

# El Cementerio de Arte de Morille

Jesús Málaga Guerrero

## Museo-Mausoleo. Cementerio de arte de Morille. Concepto

Los artistas Domingo Sánchez Blanco y Javier Utray hicieron realidad una forma nueva de concebir el arte el 17 de diciembre de 2005. Ese día se realizó el primer entierro en Morille, municipio al sur de la ciudad de Salamanca, de la que dista 18 kilómetros. Se depositaron la primera obra, un Pontiac de los años ochenta y, al lado, las cenizas de Pierre Klossowski, escritor, filósofo, pintor y pornógrafo francés. Nacía el único museo para enterrar obras de arte. Participaron en los inicios El Gallo Espacio de Arte Contemporáneo, el Ayuntamiento de Morille, SDLM (Seminario del Discurso, Legitimación y Memoria) y la Asociación Cultural El Zurguén.

El Ayuntamiento de la localidad cedió unos extensos terrenos de propiedad municipal, de más de siete hectáreas, a las afueras del pueblo, para que se pudiera llevar a cabo la experiencia. Germinó entonces lo que recibiría el nombre de Museo Mausoleo de Morille. Con el tiempo aquella locura fue tomando cuerpo y surgiendo una realidad a la que nadie del mundo de la cultura puede sustraerse. El Museo-Mausoleo es hoy un referente nacional en el mundo de la expresión artística y de ello dan cuenta los medios de comunicación, tanto culturales como generalistas, un día sí y otro también. Se trata de un museo diferente, con las piezas presentes en el espacio como en cualquier otra sala expositiva, pero dejando a la sugerencia y la averiguación la falta de materialidad. La muerte de los museos tal como los contemplábamos hasta el siglo XX ha dado paso a otros conceptos más vivos, donde la imaginación y el recuerdo juegan una parte importante de la dinámica del mismo. Los constructos que a partir de las sugerencias nacen en nuestro cerebro suelen ser más ricos en matices y, por supuesto, con aportaciones subjetivas que ennoblecen la obra artística de otros. Incluso se puede dar el caso de que el observador puede pasar a ser protagonista y coautor de la obra de arte.

Conceptualmente el Cementerio del Arte, como popularmente se le conoce, responde a una concepción de finitud de la composición artística. Al igual que los seres vivos se someten a la máxima de nacer, crecer, reproducirse y morir, la obra artística nace en las manos y en el cerebro del hombre o de la mujer donde se reproduce y se multiplica hasta el infinito, ya que cada uno de nosotros percibe y concibe de forma distinta el objeto artístico; y al igual que el grano de trigo ha de morir para germinar, la obra bella de los mortales se somete a las reglas propia de la naturaleza. El objeto artístico desaparecido del sentido de la vista reaparece siempre que lo evocamos, solo o con aditamentos propios o ajenos, con las características que cada uno de nosotros aporta a la percepción sensorial de lo bello. En la evocación intervienen la memoria, nuestro pasado y la experiencia acumulada a través de los años.

La finitud y la permanencia, a pesar de ser contradictorios, son dos conceptos que van de la mano en esta experiencia. También la muerte y la eternidad. La desaparición del objeto artístico de la percepción de los sentidos por su enterramiento no supone su eliminación, más bien los tenemos presentes. Estamos ante una forma de conservación en el imaginario colectivo e individual, al igual que recordamos a los semejantes que nos abandonan temporalmente o para siempre. La aportación de las nuevas tecnologías a la perpetuación del arte hace que cada una de las obras enterradas permanezca, en principio, hasta la eternidad, mientras siga habiendo vida y un ser humano para recordarlo gozosamente. La destrucción de los museos de Siria, Iraq y Afganistán a manos de los bárbaros talibanes nos aporta la brutalidad de la desaparición de las piezas destruidas y el intento de esas hordas de acabar con lo más significativo de la cultura universal, su expresión artística. Sin embargo no podrán borrar su huella mnésica que, gracias a la fotografía, el cine, la televisión, y el video entre otros, han guardado sus esencias. Millones de esos archivos dan testimonio de los tesoros desaparecidos.

Desde la concepción psicoanalítica apreciamos que el ser vivo, y más concretamente los humanos, respondemos en los muchos avatares de la vida ante la dicotomía de la muerte, *tanatos*, y el placer, *eros*. La producción artística busca el placer de lo creado para el creador y también para el que goza del arte, sin que nos importe que el mismo eros nos acerca al tánatos indefectiblemente, sin que seamos conscientes de ello. Son dos caras de la misma moneda, que se sustentan entre sí. Aunque el hombre contemporáneo ha apartado fuera de su entorno y de su vivir la muerte, ésta está presente en cada momento y, como decía Unamuno, morimos cuando nacemos. Este mismo concepto lo podemos aplicar a la obra creativa, muere cuando nace. Volvemos al principio de la explicación del Museo Mausoleo de finitud y permanencia.

Esta forma de concebir el arte hizo que muchos artistas se apresuraran a enterrar sus obras en sencillos actos a los que acude el pueblo de Morille, verdadero protagonista del mismo, que ha interiorizado las más variadas performances como una expresión artística más.

Los objetos más valiosos desde el punto de vista material se acumulan junto a otros de fuerte valor sentimental o artístico. Todos ellos tienen cabida. La diversidad hace del Cementerio de Arte de Morille su riqueza. La obra escrita por un dramaturgo comparte tierra con el balón de la Selección Nacional de Fútbol de España cuando ganó el mundial del deporte más popular. Una simple y sencilla piedra morilleja, con una inscripción a modo de epitafio del artista que ha enterrado su obra de arte, son los únicos iconos identificativos del trofeo sepultado.

Después de haberse producido varias decenas de enterramientos, un grupo de vecinos encabezados por el Ayuntamiento de Morille hemos considerado que se hacía preciso un libro catálogo para uso de los que visitan el Museo-Mausoleo. Para cada uno de los enterramientos dedicamos una sucinta explicación de la obra sepultada y de la historia del autor. Asimismo se añade una pequeña reseña anecdótica referida a los preparativos o al mismo acto del enterramiento. Fotografías y un plano de situación de la tumba respectiva harán más fácil la comprensión al lector. Al final del libro se añade un mapa con la situación y numeración de cada uno de los enterramientos.

Esta es una obra colectiva de servicio. María José Gil, Mercedes García, Jesús Málaga y Manuel Ambrosio Sánchez se han encargado de la redacción de los textos; Antonio Gil y José Ignacio Cordón de la fotografía. El levantamiento topográfico con la indicación de la situación de cada uno de los enterramientos ha corrido a cargo de Florencio Bermejo. La documentación ha sido aportada por Manuela Zarza, la mujer de Domingo Sánchez Blanco, que ha sido constante en la recopilación de datos en cada uno de los enterramientos. También hemos recogido testimonios y documentación ofertada por numerosos vecinos y visitantes que han asistido a los enterramientos y que con sus aportaciones hemos reconstruido numerosos vacíos que habíamos encontrado en el rastreo de cada uno de los enterramientos.

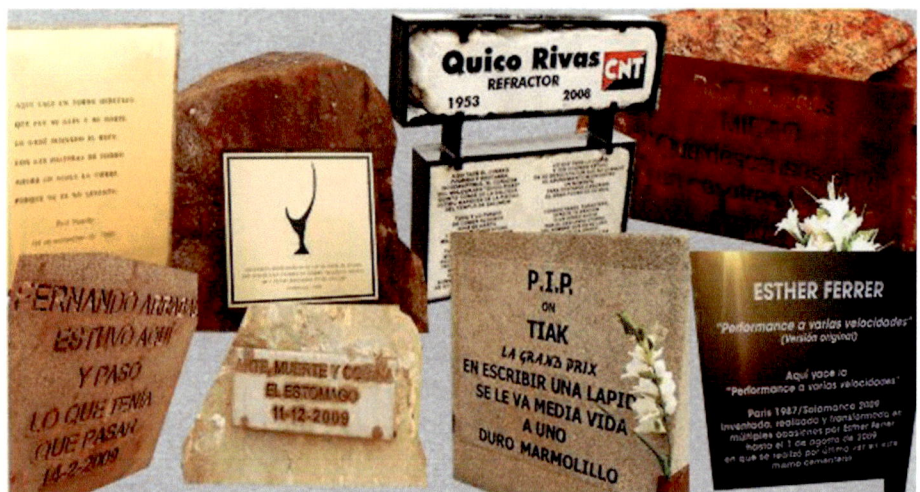

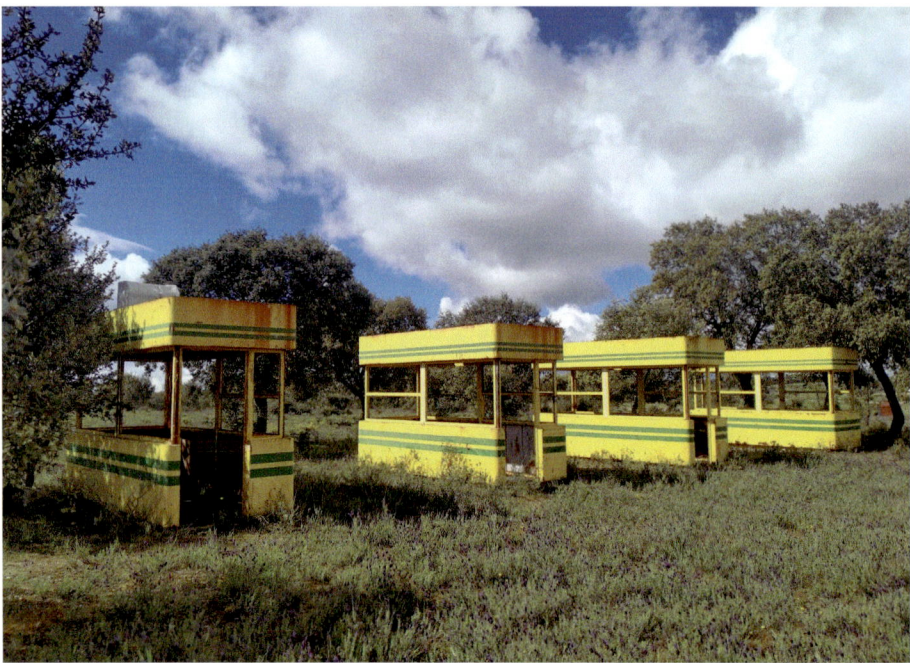

Cabinas de la antigua frontera hispano-portuguesa de Fuentes de Oñoro-Vilar Formoso

## ENTERRAMIENTOS EN EL MUSEO-MAUSOLEO DESDE SU INAUGURACIÓN

El 17 de diciembre del 2005 se inauguró el Museo-Mausoleo de Morille con un cortejo patético en toda regla: un cochero con capa castellana y sombrero con telarañas, un carruaje tirado por un caballo negro espectacular, dos bandas de música tocando al pairo de la situación, un coche tuning e incluso unos tipos que hicieron acrobacias break, un personal dispuesto a todo. Desde el pueblo por una calleja llena de charcos llegamos al «camposanto», en el que ya estaban preparados las dos tumbas: una enorme para el Pontiac de Javier Utray, la otra pequeñísima para las cenizas de Pierre Klossowski, el teólogo pornógrafo. Gracias a los discursos se consiguió dar el tiempo suficiente para que llegara, vestido de una extraña guisa (el sombrero azul, la chupa de cazador, un hacha enfundada a la cintura, una mano con una especie de manto de armiño), el Maestro Utray.

Sin duda, el momento más imponente fue el del coche, suspendido por la grúa, entrando justísimo en su sepulcro de hormigón armado. La masa se encaramó a la lápida inamovible con una ganas tremendas de comprobar que aquello, fuera lo que fuera, quedaba allí para siempre. De vuelta al pueblo, la música fúnebre de Pergolesi, el canto del desolado, nos transportó a una escena culta que rimaba, sin estridencias, con los acontecimientos rurales precedentes.

# PIEZAS

# N.º 1

Fecha del enterramiento:
## 17 de Diciembre 2005
Artista:
## DOMINGO SÁNCHEZ BLANCO
Obra:
## CENIZAS DE PIERRE KLOSSOWSKI
Epitafio:
*«Tan funesto deseo, gasolina, saliva, cenizas, cosas del combustible.*
*El coche, el cuerpo, la conversación»* Domingo Sánchez Blanco

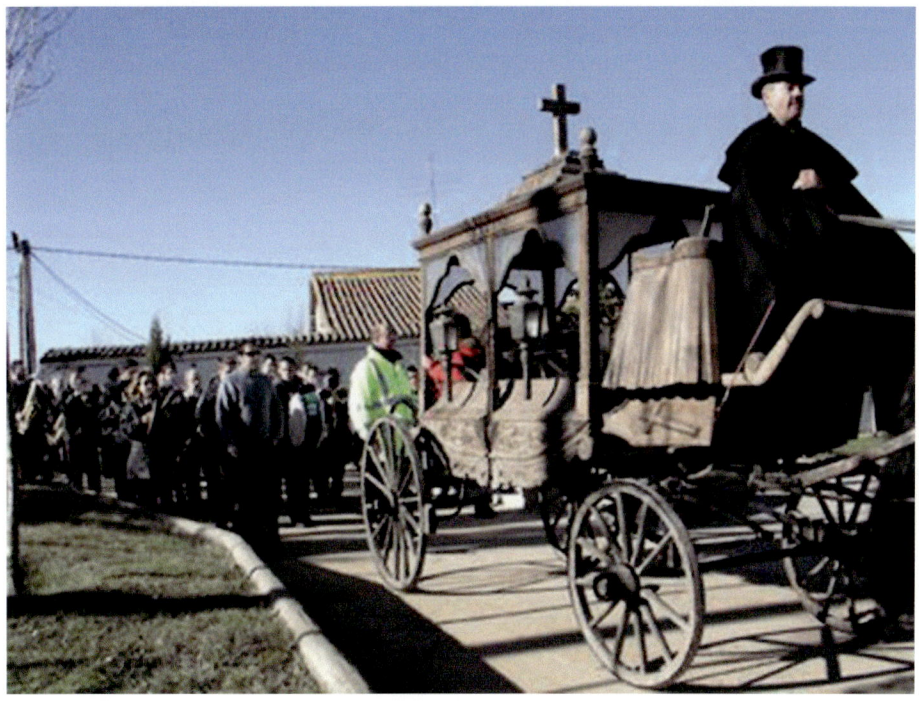

Cortejo fúnebre con carruaje y cochero

Domingo Sánchez Blanco realiza un viaje a París para visitar y pedirle sus cenizas a Pierre Klossowski (París, 1905-2001), artista y filósofo francés, hermano menor del pintor Balthus. Klossowski muere dos meses después de la visita y Domingo Sánchez se cartea con su viuda a la que propone una obra junto con Nick Cave (bailar una canción escrita y tocada al piano por el cantante y compositor).

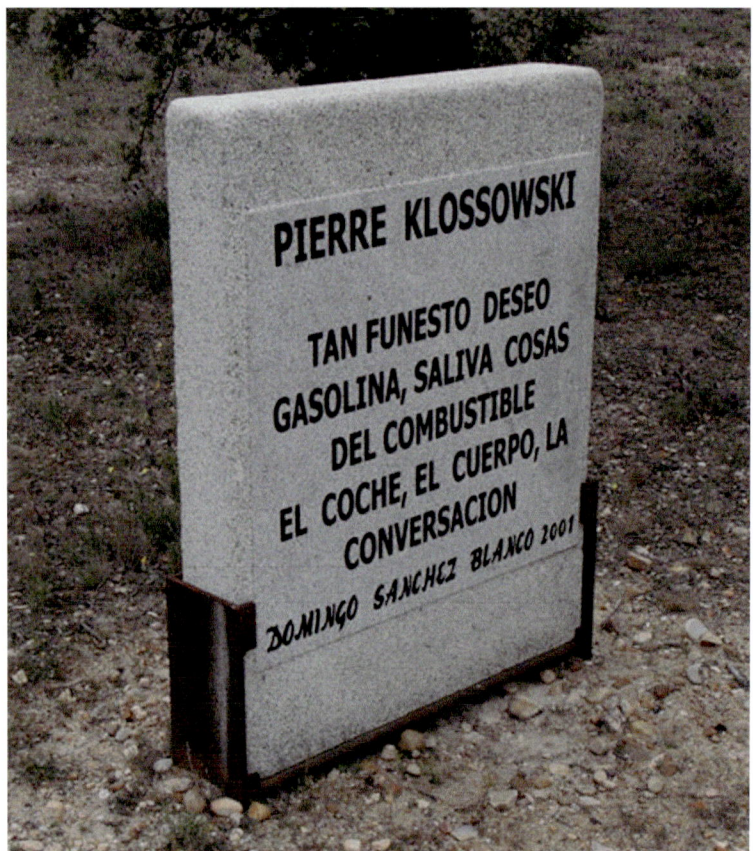

## BIOGRAFÍA

**Domingo Sánchez Blanco** (Salamanca, 1955), artista visual español. Sus inicios están vinculados a los circuitos alternativos hispanos, desarrollando gran parte de su carrera en Salamanca. Fundador del Espacio de Arte Contemporáneo El Gallo y del Museo Mausoleo de Morille. Ha expuesto en importantes museos, centros de arte y galerías del mundo, como el Museo de Bellas Artes de San Juan (Puerto Rico), XI Bienal de Cuenca (Ecuador), Guggenheim Bilbao, Museo del Barrio (Nueva York), London Biennale, Museo de Arte Contemporáneo de Caracas (Venezuela), James Joyce Center (Irlanda) y MCO Arte Contemporanea (Portugal), entre otros. Ha sido distinguido con la Cátedra Domingo Sánchez Blanco en la Universidad de Chile.

La totalidad de trabajos de Domingo Sánchez Blanco, que incluyen perfomances, vídeos, instalaciones, esculturas y acciones imprevisibles, se presenta como un conjunto de gestos capaces de desafiar el estatuto del arte. La irreverencia y la profusión serían dos de sus cualidades más reconocibles. Pero este desafío a los órdenes y comportamientos establecidos, en constante desarrollo, adquiere diferentes formas. Sánchez Blanco elabora sus piezas desde la propia implicación, tanto en relación a los temas que elige como a los modos de interpretarlos. Puede, por ejemplo, caracterizar a un actor porno como un boxeador. O desplazarse hasta París, con el único fin de pedirle al artista y escritor aún vivo Pierre Klossowski sus propias cenizas. El sexo, la muerte, el amor, la violencia o la pornografía suelen conformar sus puntos de referencia. Las piezas de Domingo Sánchez Blanco mezclan radicalidad, poética y sentido del humor, presentándose como procesos en constante evolución.

# N.º 2

Fecha del enterramiento:
## 17 de Diciembre 2005
Artista:
## JAVIER UTRAY
Obra:
## «SU PONTIAC»
Epitafio:
## P.I.P.
## ON
## TIAK
## LA GRAND PRIX
## EN ESCRIBIR UNA LÁPIDA
## SE LE VA MEDIA VIDA A UNO
## DURO MARMOLILLO

Javier Utray entierra su coche, un Pontiac. Coche mítico con el que visitaba el Museo del Prado (los alrededores) acompañado de Carlos Alcolea.

Javier Utray realizó asimismo una instalación en directo de corbatas colgadas de un árbol.

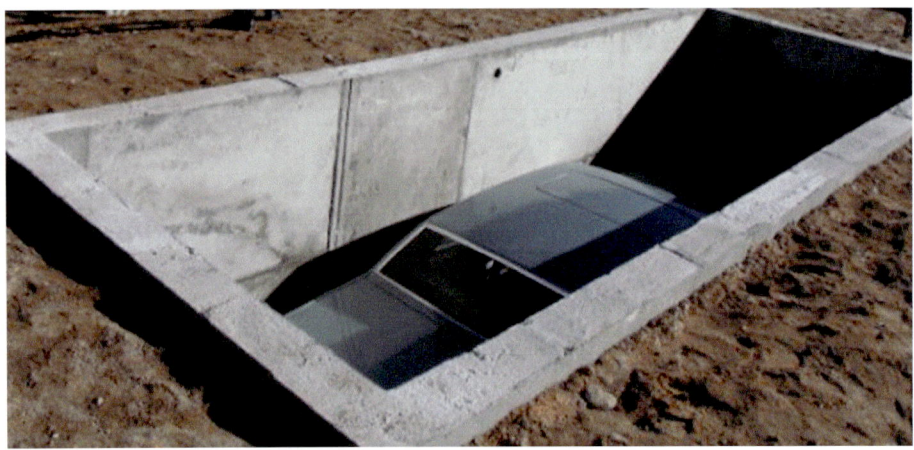

Pontiac de Javier Utray

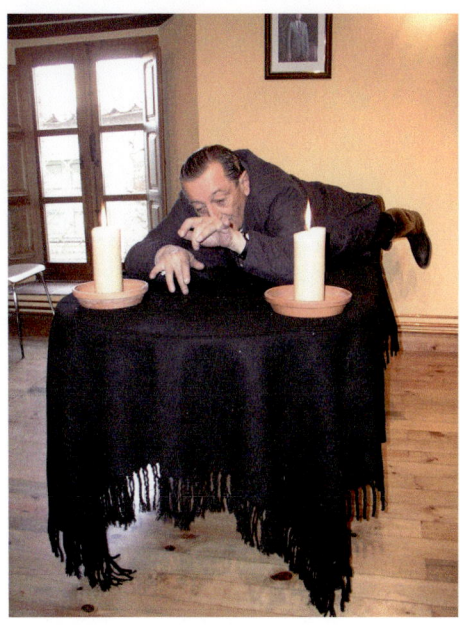

Javier Utray

## BIOGRAFÍA

**Javier Utray** (Madrid, 1945-2008) es uno de los principales protagonistas de la incorporación del arte español a las tendencias internacionales del último cuarto del siglo XX y relevante compañero en la escena madrileña de los setenta. Pintor, arquitecto, músico y escritor, en cada una de estas distintas y rigurosas disciplinas ha dejado muestras deslumbrantes que atestiguan cuál es su cualidad principal: la inteligencia. Sin duda, uno de los personajes más singulares, estimulantes e irrepetibles que han cruzado la escena madrileña de las tres últimas décadas. Tocó, con brillante y paradójica invención, los palos más diversos, desde la arquitectura a la poesía, las acciones, la fabulación objetual, la instalación o la prolongación de la pintura por otros medios; también la música. Sin embargo, diletante irredento, no se prodigó en demasía en ninguno de ellos. Su período de producción más extensa fue, en el curso de los noventa, el de aquellas series pictóricas que se jactaba de encargar por teléfono. Y, aún así, sería, ante todo, encrucijada y catalizador de incontables historias, un impulso esencial en el aliento de otros muchos creadores de su entorno.

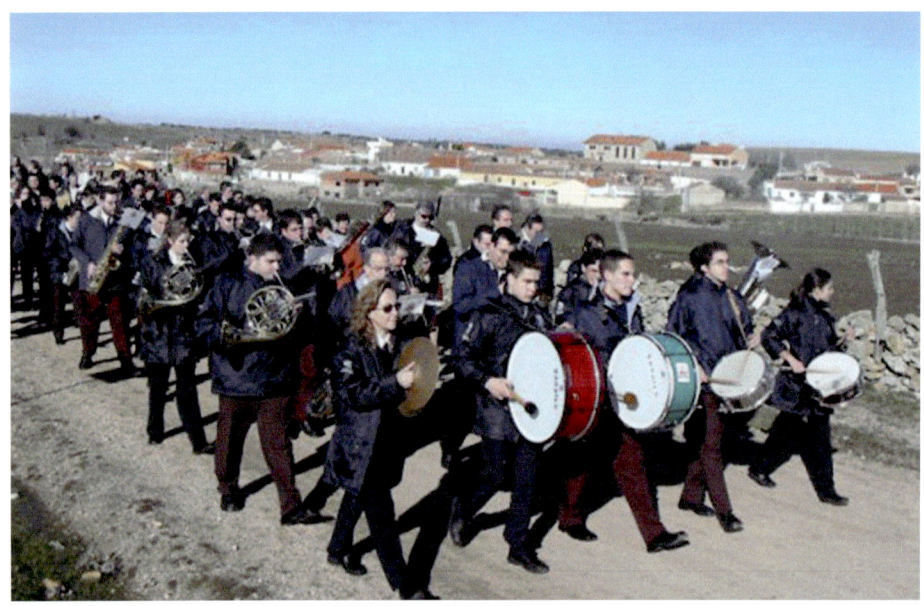

Bandas de música de Villamayor y Alba de Tormes en la inauguración
del Cementerio de Arte

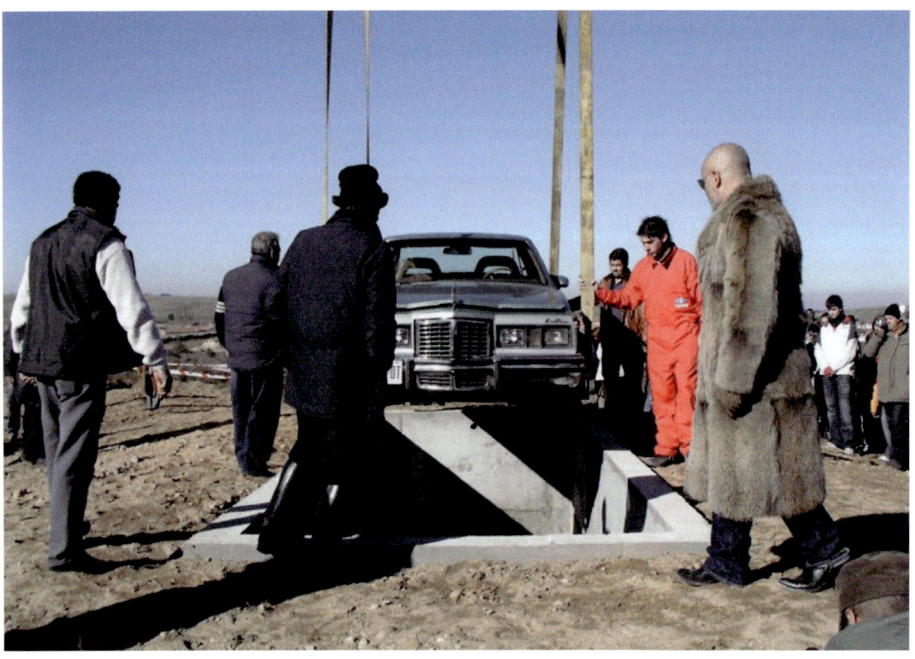

De espaldas, a la izquierda con sombrero, Javier Utray; a la derecha, con abrigo
de pieles, Domingo Sánchez Blanco

# N.º 3

Fecha del enterramiento:
## 30 de Marzo 2008
Artista:
## ISIDORO VALCÁRCEL MEDINA
Obra:
## «IR Y VENIR» lotes de fichas
Epitafio:
## «Aquí están depositados 169 de los 341 lotes de fichas que constituían la obra "IR Y VENIR" realizada en el año 2002»

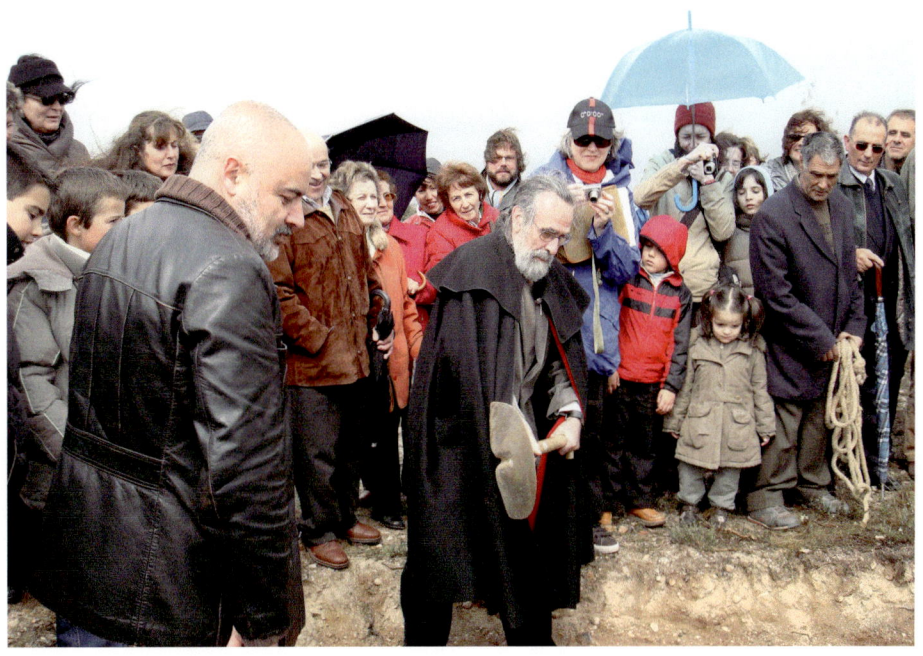

Isidoro Valcárcel con los "enterrradores" en el Cementerio de Arte

## BIOGRAFÍA

**Isidoro Valcárcel Medina** (Murcia, 1937) es un artista plástico y conceptual español. Se fue a vivir a Madrid con 19 años, donde realizó estudios de Arquitectura y Bellas Artes, aunque no los finalizó.

En 2007 recibe el Premio Nacional de Artes Plásticas de España. En 2015 se estrena en el Festival Punto de Vista de Pamplona el documental «No escribiré arte con mayúscula», dedicado a su vida y obra. Recibió el Premio Velázquez de Artes Plásticas en 2015.

Su trabajo a lo largo de más de cuarenta años está dotado de gran rigor y coherencia. Sus propuestas suponen una actitud comprometida y alejada de los aspectos comerciales del arte. Su concepción artística puede entreverse en una de sus afirmaciones: «El arte es una acción personal que puede valer como ejemplo, pero nunca tener un valor ejemplar». De ese modo, para él, el arte sólo tiene sentido cuando nos hace conscientes y responsables de una realidad personal, normalmente a través del propio juego del arte.

Inicia su trabajo desde la pintura pudiendo encuadrarse su trabajo en el informalismo; su única exposición dentro de esta tendencia la realiza en 1962 en la galería Lorca de Madrid. Posteriormente, su trabajo se encuadra en el arte objetivo, constructivista y racional; en 1967 es seleccionado para el Primer Salón de Arte Constructivista. En 1968, tras una estancia en Nueva York, toma contacto con el minimalismo.

De una fase denominada por él mismo como «pintura habitable» evoluciona hacia la construcción de lugares mediante «environements» y «performances». A partir de 1972 sus trabajos se realizan en ámbitos urbanos principalmente y su intervención en grandes espacios dimensionales. Los dos últimos han sido 169 lotes de fichas que le «sobraban» a Isidoro Valcárcel Medina de su proyecto "Ir y venir" que se presentara en el 2002 en la Fundación Tápies de Barcelona para itinerar a Murcia y Granada.

Un día de perros, justo el año en el que recibía el Premio Nacional de Artes Plásticas, con gran solemnidad, dentro de un ataúd de cinc (casi se deslomaron los porteadores), dos metros bajo tierra quedaron, para los restos, textos que acaso lean arqueólogos de un futuro improbable. Apareció, según me cuentan, una mujer que tocaba la dulzaina y el tamboril, justo cuando Valcárcel aseguró que la obra estaba «donde tenía que estar».

# N.º 4

Fecha del enterramiento:
## 13 de Julio 2008
Artista:
## AVELINO SALA
Obra:
## Los perros de Acteón
Epitafio:
## «Para no mirar atrás»

## BIOGRAFÍA

**Avelino Sala** (Gijon 1972). Vive y trabaja en Barcelona.

Es artista, comisario y editor (revista Sublime) y colabora con diversos medios como A Desk, Artishock y ha escrito regularmente en medios como Contemporary. Su trabajo como artista le ha llevado a cuestionar la realidad cultural y social desde una perspectiva tardo romántica, con una mirada crítica y poco cómoda en un continuo explorar el imaginario social e intentar meter el dedo en la llaga para comprobar el poder del arte como generador de espacios de experimentación capaces de re-crear nuevos mundos.

Su obra se ha presentado en distintas exposiciones colectivas nacionales e internacionales.

En 2012 expuso en el National Center for Contemporary Arts de Moscú NCCA, con un proyecto individual sobre su obra en vídeo y otro en el Museo de Pumapungo de Cuenca, Ecuador.

Ha coescrito un libro junto al crítico José Luis Corazón, «La voz remota», una larga conversación sobre el arte, editado por Laboral.

La obra enterrada en el Museo-Mausoleo de Morille son dos perros que evocan los del mito de Acteón y Diana.

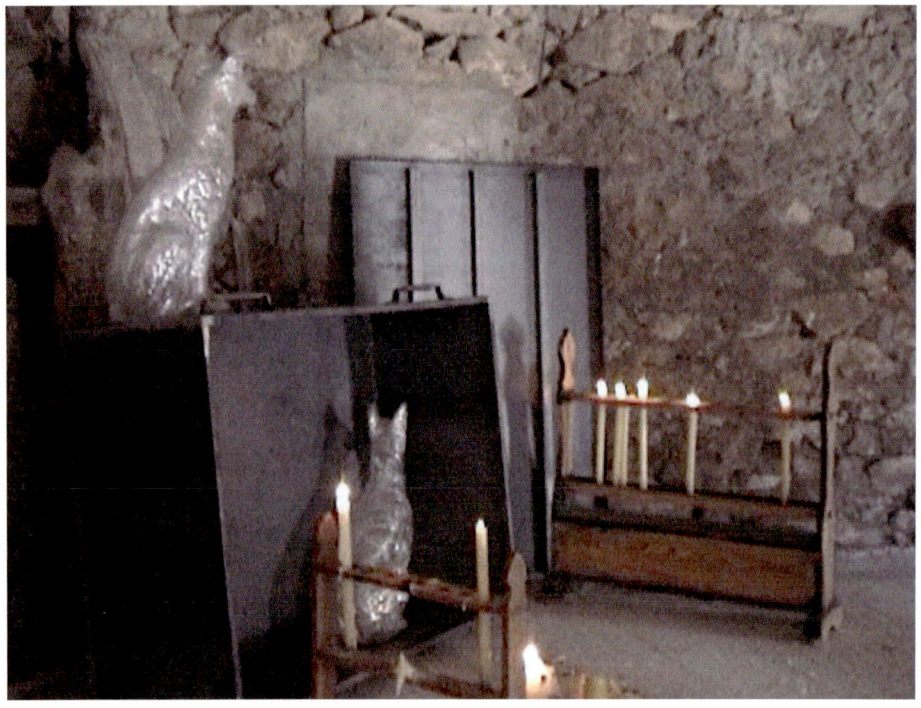

"Los perros de Acteón", de Avelino Sala

# N.º 5

Fecha del enterramiento:
## 15 de Octubre 2008
Artista:
## V VIRREY DE SICILIA
Obra:
## «PEPITA DE ORO»
Epitafio:
## DANZA DE COSACOS. Debajo de él se forma su tumba
## V Virrey de Sicilia

BIOGRAFÍA

**Francisco Javier Corrionero Sánchez** (Salamanca 1963) se erige como el único heredero del V Virrey de Sicilia y reclama su herencia al Vaticano, Naciones Unidas, la Nasa, la KGB, porque todas estas entidades se financian con su dinero y lo dice con toda la cara alta. Se ha hecho famoso en la capital charra por pasearse por sus calles con su estrambótica furgoneta, decorada por él mismo. Dejemos que sea él el que se explique:

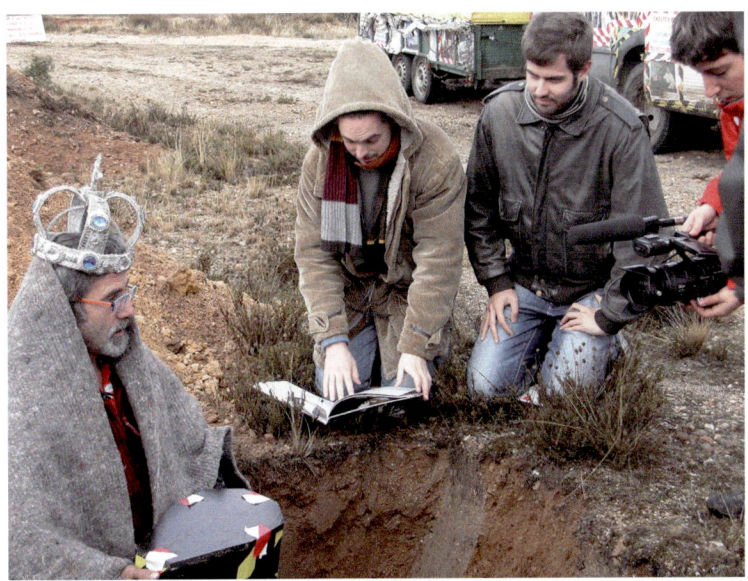

El V Virrey a la izquierda

«Yo Francisco Javier Corrionero Sánchez, heredero universal e internacional único de todo el planeta terráqueo del V Virrey de Sicilia, único heredero charro consanguíneo directo legal del V Virrey de Sicilia.

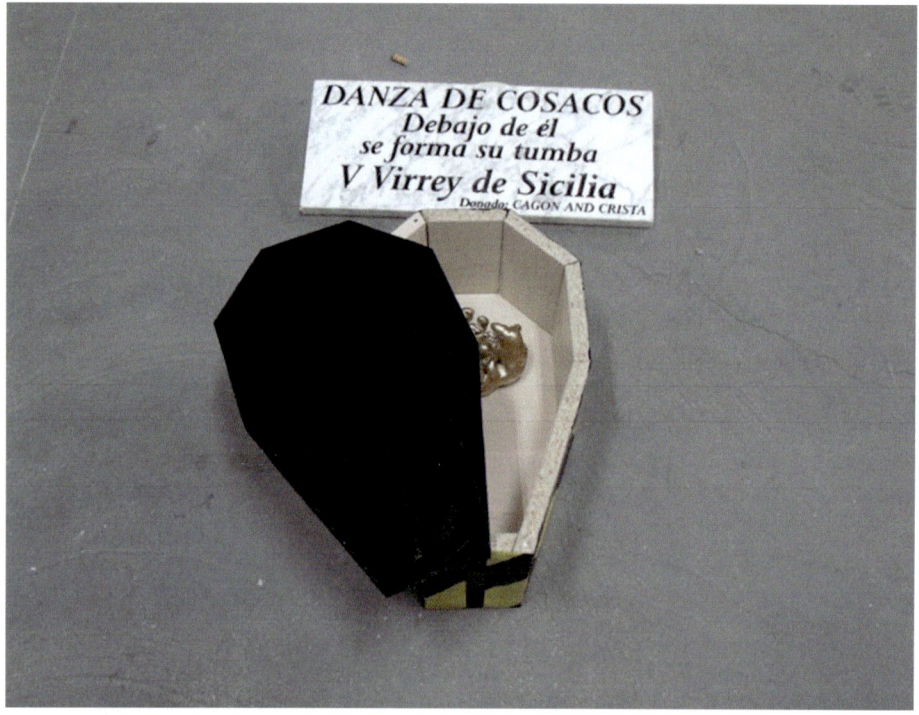

Pepita de oro

Legados estos poderes por mis antepasados universal e internacional único planeta, que se me devuelva toda la herencia de un valor incalculable.

Reclamo lo mío a:

El Vaticano, Opus Dei, que no dan la cara por los intereses creados, ocasionándome muchos daños morales, a la NASA, la ONU, gobiernos, la CIA, la UNESCO, Organismo de Cultura, el mayor responsable de destrucción de archivos históricos manipulados por el Opus Dei como el de Simancas, a empresas multinacionales financiadas con la herencia que me pertenece por ley. En Centroamérica, los galeones con todo su cargamento de oro están escondidos, protegidos y olvidados por ciertas organizaciones y estamentos que todos sabemos y tenemos en mente como multinacionales y organismos oficiales, religiones, etc, etc, etc».

El señor Corrionero es uno de los personajes más conocidos del show celtibérico charro. Su furgoneta repleta de carteles y banderolas, recortes de prensa y reclamaciones varias de su herencia no heredada es famosa en la ciudad. El remolque a juego, recubierto de textos inverosímiles que muchos no se paran a leer pero que los que lo hemos hecho no hemos podido dejar de exclamar. «¡¡Dios mío!! ¡¡de todo hay en botica!!»

El señor Corrionero, aspirante por derecho propio (real o inventado) al virreinato siciliano, se ha convertido en toda una leyenda urbana de la Salamanca más celtibérica.

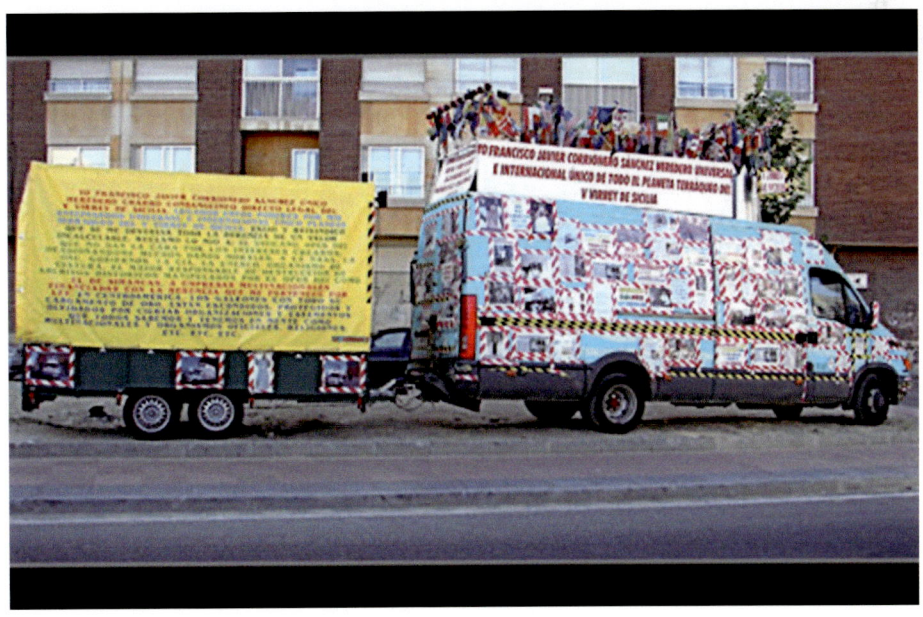

La furgoneta y su remolque del V Virrey de Sicilia

# N.º 6

Fecha del enterramiento:
## 13 de Noviembre 2008
Artista:
## PAUL NASCHY
Obra:
## «TORSO»
(escultura de reconocimiento como campeón de halterofilia)
Epitafio:
*«Aquí yace un torso hercúleo*
*Que fue mi guía y mi norte*
*Lo gané echando el bofe,*
*Con las halteras de fierro.*
*Ahora lo acoge la tierra,*
*Porque yo ya no levanto»*

BIOGRAFÍA

**Jacinto Molina Álvarez**, artísticamente conocido como Paul Naschy (Madrid, 1934-2009), fue un actor, director de cine, guionista y levantador de pesas español. Participó como actor en más de cien películas y series de televisión, en 39 como guionista y en 14 como director.

Según él mismo, decidió dedicarse al cine de terror tras ver la película *Frankenstein y el hombre lobo* (1943), de Roy William Neill. Fue uno de los más famosos intérpretes del hombre lobo, realizando este papel en numerosas ocasiones a partir de 1968.

Siendo joven, Jacinto Molina practicó la gimnasia y más adelante la halterofilia, deporte dentro del cual se proclamó campeón de España en 1958 en la categoría de peso ligero. Con ese triunfo fue seleccionado para representar al país en los campeonatos europeo y mundial de 1961, que se celebraron en Viena, y donde terminó como sexto lugar europeo y noveno mundial.

En 1960 acudió a participar como extra en la película estadounidense *Rey de Reyes* (dirigida por Nicholas Ray), que se rodó en España y en la cual fue seleccionado para hacer de un sirviente de Herodes Antipas, debido al físico que la práctica de la halterofilia le había dado. Esta fue su primera participación parcialmente reconocible en el cine. Con motivo del estreno de la película *La marca del hombre lobo* a nivel mundial, se le pidió que escogiera un sobrenombre, para que el film pudiera ser más fácilmente vendido en todos lados. Desde entonces su nombre artístico sería Paul Naschy.

A lo largo de su trayectoria encarnó a numerosas figuras del cine de terror clásico, como el hombre lobo, el Jorobado, el Conde Drácula, La momia… lo que le ha reportado el calificativo de «El Lon Chaney español». Uno de sus personajes más famosos es Waldemar Daninsky, un hombre-lobo que aparece en varios de sus filmes, comenzando en 1968 con *La marca del hombre lobo*. El nombre del personaje fue tomado de un levantador de pesas polaco al que conoció en los campeonatos mundiales, Waldemar Bachanvski.En 1994 creó el Festival de Cine Fantástico de Burgos (Fantastic Burgos).

En 2009 se publicó *Alaric de Marnac*, su única novela, en la que daba su última versión de personajes y sucesos ya pergeñados en películas como *El espanto surge de la tumba* (1972) o *El mariscal del infierno* (1974). El 30 de noviembre de 2009 fallece a causa de un cáncer. Está enterrado en Burgos, ciudad natal de su mujer y en la que pasó parte de su infancia.

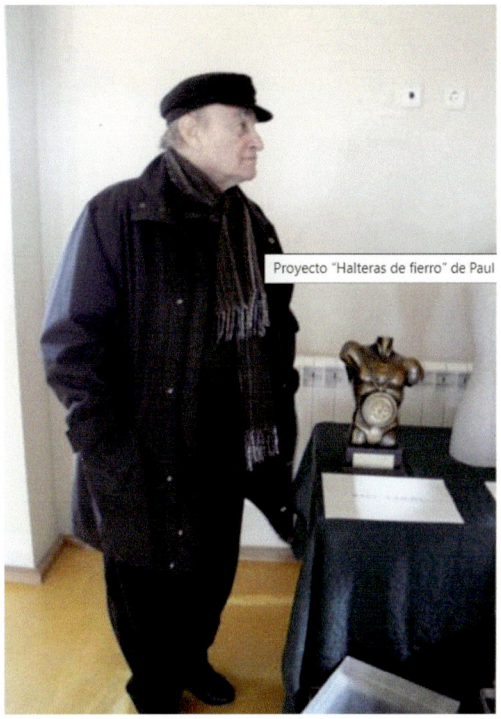

Proyecto "Halteras de fierro" de Paul

Paul Naschy

# N.º 7

Fecha del enterramiento:
## 13 de Noviembre 2008
Artista:
## GERMÁN COPPINI
Obra:
## LAS MUSAS DE GERMÁN COPPINI
Epitafio:
*«Que las musas existen*
*¡vaya que sí es cierto!*
*me unieron a la vida*
*en fuerte lazo*
*me hicieron superar*
*los batacazos*
*me pusieron a arrimar*
*como un poseso*
*mas habiendo transcurrido*
*un cierto tiempo*
*repararon en lo que yo componía*
*no pudiendo soportar mis letanías*
*terminaron muriendo*
*"de aburrimiento"*
*Acaban de entrar en la Madre Tierra*
*las musas del músico G. Coppini».*

BIOGRAFÍA

**Germán Coppini López-Tormos** (Santander, Cantabria, 1961-Madrid, 2013) fue un cantante español que desarrolló su carrera en diversos grupos musicales, como Siniestro Total y Golpes Bajos, y también en solitario.

Entre otoño de 1981 y primavera de 1983 formó parte de Siniestro Total. En febrero de 1983 recibió un botellazo en la pierna mientras estaba actuando con Siniestro en la Sala Zeleste en Barcelona, lo cual le obligó a ingresar por unas semanas en el hospital, durante las cuales se planteó seriamente su continuidad en el grupo. Tras salir del hospital, contactó con su compañero de instituto Teo Cardalda, con el que formó un dúo, en principio tan solo un pequeño proyecto paralelo a Siniestro Total, con el nombre de **Golpes Bajos;** de modo que compaginó su actividad en los dos grupos tocando de lunes a viernes en Siniestro y los fines de semana en Golpes, cuya actividad consistió, al principio, nada más que en grabar versiones de The Who.

En 1985 Golpes Bajos sacó su tercer y último trabajo. La gira de este disco finalizó en septiembre, en las Fiestas de la Merced, con un concierto en Barcelona en el que el grupo anunció públicamente su disolución.

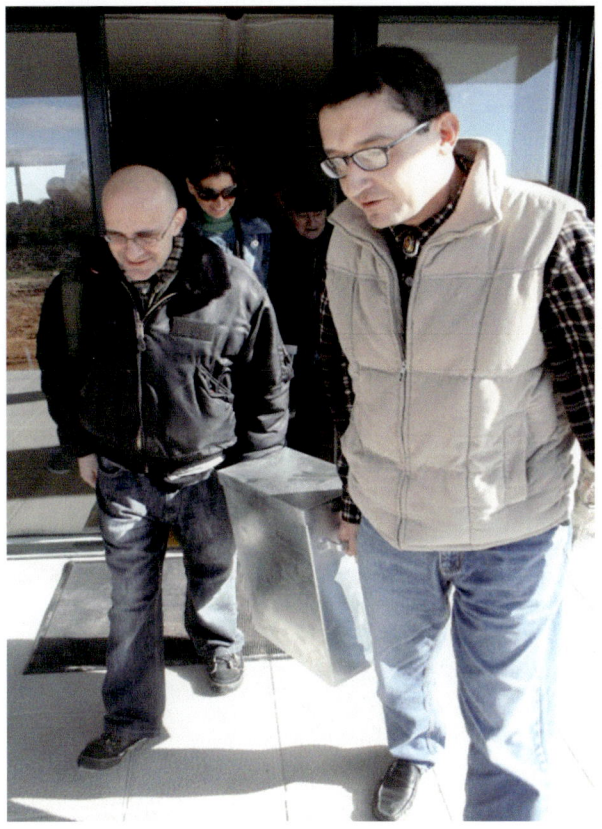

Germán Coppini y Jorge San Román

En marzo de 1986 volvió a la escena musical en forma de reunión con Nacho Cano, con el que grabó el maxisingle «Edición limitada», presentado oficialmente en La 2 de Televisión Española el 12 de marzo de 1986, y gracias al cual recibió el premio al mejor solista del programa de Rafael Abitbol en Radio 3.

Finalmente, en 1987 se decidió a grabar un disco en solitario, *El ladrón de Bagdad*. Este primer álbum en solitario se presentó en directo en las fiestas de San Isidro en Madrid.

Durante la primera mitad de la década de los noventa Germán se mantuvo algo alejado del mercado musical, aunque participó esporádicamente en discos de otros artistas.

Tras casi siete años de silencio, a principios de 1996 volvió a grabar un disco en solitario, de nuevo en Nuevos Medios, que salió en mayo con el título de *Carabás*, esta vez plagado de ritmos latinos y muy alejado del pop que ha estado grabando durante toda su carrera.

En enero de 1999 Germán volvió a su actividad normal de colaboración en discos de otros artistas. En verano de 2013 vuelve en solitario tras 17 años, publicando el LP «América Herida».

Actuó en Morille, el sábado 13 de julio de 2013, en el transcurso del PAN («Encuentro y Festival Transfronterizo de Poesía, Patrimonio y Arte de Vanguardia»), y se puede decir que fue este su último concierto público. La Tenada Municipal de Morille, escenario de este concierto, lleva el nombre del artista.

Germán Coppini padecía un cáncer de hígado que acabó con él el 24 de diciembre de 2013 a los 52 años de edad. Coppini era militante del Partido Comunista de España (marxista-leninista). Además, en las elecciones generales de 2011 se presentó como tercero en la lista de «Republicanos» al Congreso de los Diputados.

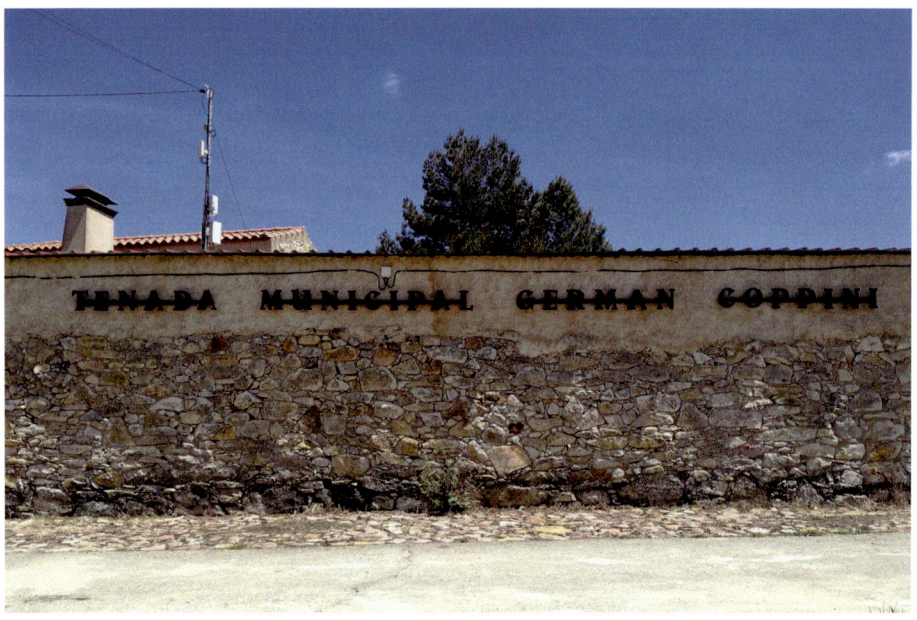

Tenada municipal Germán Coppini de Morille

# N.º 8

Fecha del enterramiento:
## 14 de Febrero 2009
Artista:
## FERNANDO ARRABAL
Obra:
## «ENTERRAMIENTO DE SPINOZA»
fantástico libro-manuscrito, realizado en París.
Epitafios:
### «Fernando Arrabal estuvo aquí y pasó lo que tenía que pasar»

**Destierrolandia
Homenaje a Baruch Spinoza
1632-1672
De Fernando Arrabal**

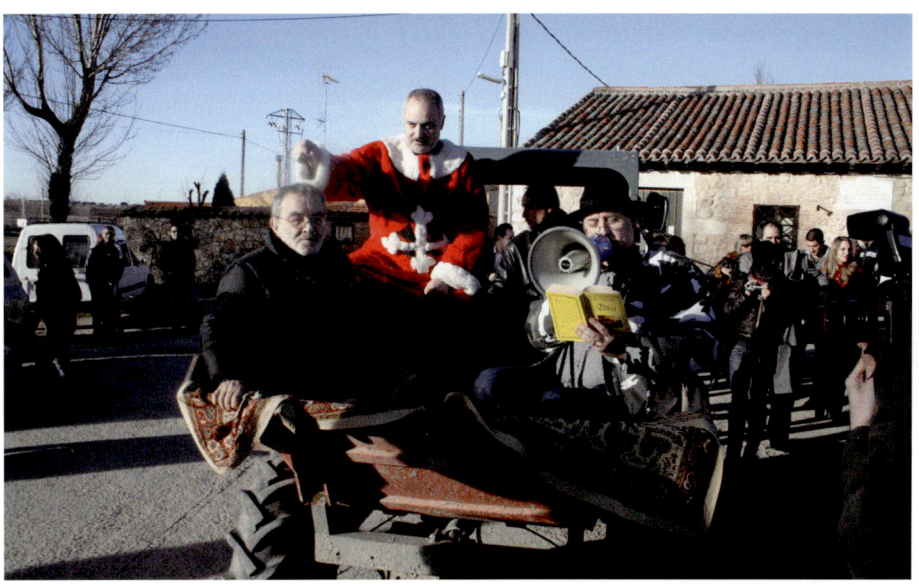

Fernando Arrabal, a la izquierda, con Domingo y Fernando Castro Flórez

## BIOGRAFÍA

**Fernando Arrabal Terán** (Melilla, 1932) es un escritor y cineasta español radicado en Francia desde 1955.

El 17 de julio de 1936, durante el golpe de estado que provocó la Guerra Civil Española, el padre de Fernando Arrabal se mantuvo fiel a la República, por lo que fue condenado a muerte por los rebeldes. La pena fue posteriormente conmutada por treinta años de prisión. Fernando Arrabal (padre) pasó por las prisiones de Santi Espíritu de Melilla, Monte Hacho, en Ceuta (donde intentó suicidarse), Ciudad Rodrigo y Burgos, hasta que el 4 de diciembre de 1941 fue trasladado al Hospital de Burgos por una supuesta enfermedad mental. Investigaciones posteriores sugieren que la enfermedad fue fingida para conseguir un traslado a un lugar menos vigilado. El 29 de diciembre de 1942 Fernando Arrabal (padre) se fugó del hospital en pijama y con un metro de nieve en los campos. Jamás se volvió a tener ninguna noticia sobre él, a pesar de las búsquedas minuciosas que se realizaron con posterioridad.

En 1941 Fernando Arrabal ganó un concurso de «niños superdotados». Estudió en el Colegio de los Escolapios de San Antón y más tarde en los Escolapios de Getafe. En esa época Arrabal comenzó sus lecturas y experiencias, que, según él mismo reconoce, le serían muy útiles en su vida.

En 1947, su madre le obligó a iniciar los cursos preparatorios para el ingreso en la Academia General Militar, pero Arrabal no asistió a las clases, por lo que en 1949 fue enviado a Tolosa (Guipúzcoa), donde estudió en la Escuela Teórico-Práctica de la Industria y el Comercio del Papel. Es en esa época, en 1950, cuando Arrabal escribió una serie de obras teatrales.

En 1951 comenzó a trabajar en Papelera Española. Se destinó a Valencia, donde terminó el bachillerato, y luego a Madrid, donde en 1952 comenzó a estudiar Derecho.

Posteriormente, en Madrid, conoció a la que sería su mujer y traductora al francés, Luce Moreau. En 1955 consiguió una beca de tres meses para estudiar en París, y mientras vivió en el Colegio de España de la Cité Universitaire recayó, esta vez gravemente, enfermo de tuberculosis. Arrabal siempre ha considerado esta enfermedad como una «desgraciada suerte» que le permitió instalarse definitivamente en su verdadera patria, la de Kundera y Vives, San Ignacio y Picasso.

Fue juzgado bajo el régimen franquista y encarcelado en 1967 a pesar de la solidaridad de la mayoría de los escritores de esta época, desde François Mauriac hasta Arthur Miller y del requerimiento del célebre dramaturgo irlandés Samuel Beckett, que declaró: «Si hay una falta, que sea vista a la luz del gran mérito de ayer y de la gran promesa para mañana, y por eso que sea perdonada».

Desde mediados de los años setenta, alcanzó un verdadero reconocimiento en su país natal.

Su *Carta al General Franco* tuvo especial repercusión, publicada en vida del dictador.

El 14 de febrero, día del enterramiento en Morille, Fernando Arrabal dio una conferencia a los vecinos del pueblo sobre Spinoza. Posteriormente, vestido con túnica roja de terciopelo y subido a un «dumper», se dirigió, junto con la comitiva fúnebre hasta el cementerio-mausoleo, donde se había instalado una mesa de ping-pong por expreso deseo del artista, que jugó varias partidas con diferentes vecinos. Finalmente se procedió al enterramiento del fantástico libro-manuscrito, realizado en París.

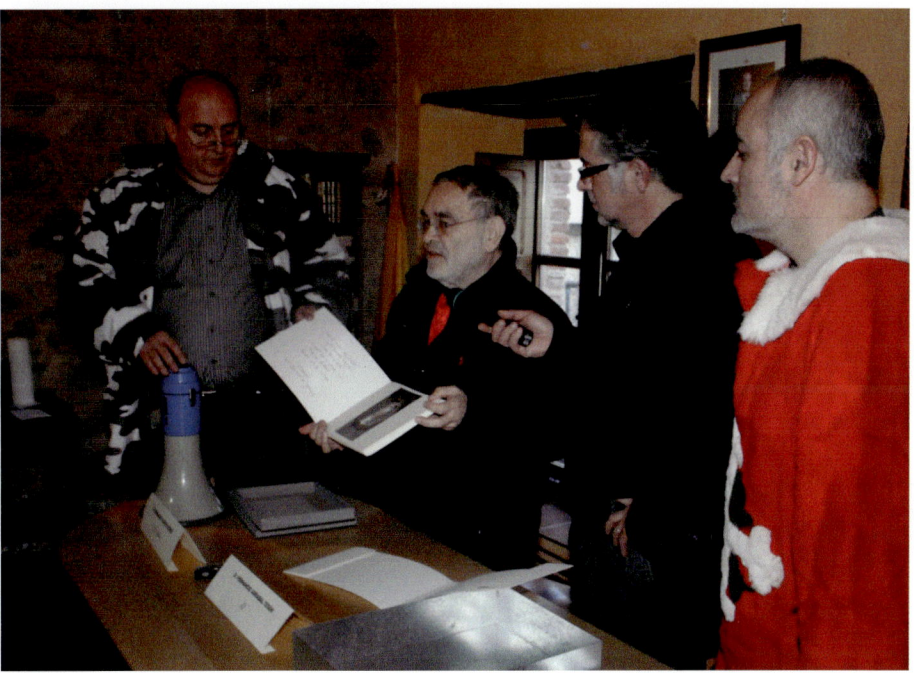

Fernando Arrabal presentando el manuscrito que se enterró. Le acompañan Domingo Sánchez Blanco, Fernando Castro y Manuel Ambrosio Sánchez.

# N.º 9

Fecha del enterramiento:
## 10 de Marzo 2009
Artista:
## ALBERTO GRECO
Obra:
## «LA MALETA DE ALBERTO GRECO, EN MEMORIA, [RED]» FIN
Epitafio:
## «Esta es mi mejor obra» (RED)

BIOGRAFÍA

**Alberto Greco** (Buenos Aires, Argentina, 1931-Barcelona, España, 1965) fue un artista plástico argentino del siglo XX.

Después de intervenir en la fundación del informalismo argentino en 1959, se alejó de la expresión pictórica y se adentró en el campo del arte conceptual. Pasó la última etapa de su carrera artística y de su vida en España.

Sus aportaciones fueron fundamentales en los inicios del arte conceptual en España, poniendo en práctica un tipo de intervenciones artísticas que él mismo denominó «vivo dito o arte vivo». A su faceta de artista-pintor multimedia añadió su faceta de poeta.

Manifiesto Dito del Arte Vivo:

*El arte vivo es la aventura de lo real. El artista enseñará a ver no con el cuadro sino con el dedo. Enseñará a ver nuevamente aquello que sucede en la calle. El arte vivo busca el objeto pero al objeto encontrado lo deja en su lugar, no lo transforma, no lo mejora, no lo lleva a la galería de arte. El arte vivo es cont. Quiere terminar con la premeditación, que significa galería y muestra. Debemos meternos en contacto con los elementos vivos de nuestra realidad. Movimiento, tiempo, gente, conversaciones, olores, rumora, lugares y situaciones. Arte Vivo, Movimiento Dito. Alberto Greco. 24 de julio de 1962. Hora 11:30.*

Realiza *Vivo-Ditos* en París, en Roma, en Madrid y, sobre todo, en Piedralaves, una pequeña localidad de Ávila, donde vivirá algún tiempo, convirtiendo a esta pequeña comunidad rural en un espacio artístico propicio para la realización de sus intervenciones. Greco hace sostener a los habitantes del pueblo carteles con textos tales como «Esto es un Alberto Greco», «Obra de arte señalada por Alberto Greco» o, simplemente «Alberto Greco». Sus *Vivo Dito* tienen un claro componente de provocación política. En el año 1962, durante su último viaje a Italia, aprovecha la inauguración de la Bienal de Venecia de ese año para lanzar un montón de ratas al paso del Presidente de la República italiana con el consiguiente gran escándalo.

El espíritu irreverente de Greco le lleva a disfrazarse de monja en Roma mientras estaba teniendo lugar el Concilio Vaticano II. Estas intervenciones, unidas a su participación en la representación de la obra teatral «Cristo 63», ofensiva para la Iglesia católica, hacen que las autoridades italianas le inviten a abandonar el país. De 1962 data la escritura de su manifiesto «Dito del Arte Vivo».

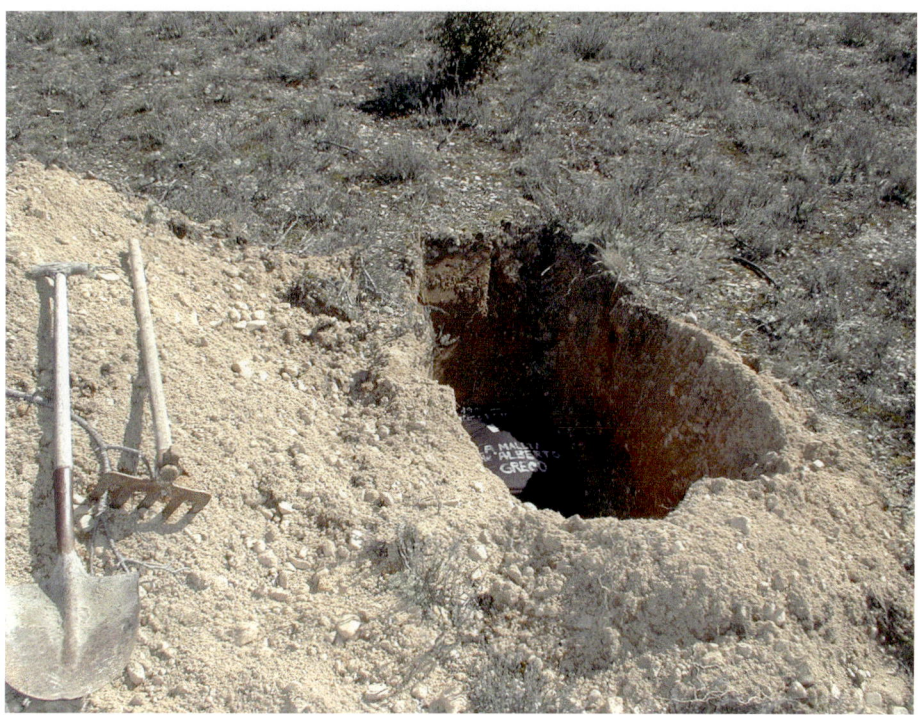

Después de un largo periplo europeo termina instalándose en Madrid, donde entra en relación con los componentes del Grupo El Paso, con Antonio Saura y Manuel Millares sobre todo.

En España continúa trabajando en sus proyectos *Vivo dito* y expone en la Galería Juana Mordó en 1964. Un año después se suicida en Barcelona. La propia muerte del artista se convierte en la más radical de sus intervenciones artísticas. En 1965 elige para suicidarse la ciudad de Barcelona, comunicando a sus allegados que viajará a la Ciudad Condal para poner fin a su vida. Greco no dejó de ser artista ni al final de su vida. El propio acto de su muerte voluntaria la convirtió Greco en un gesto artístico. Mientras la sobredosis de barbitúricos que había consumido comenzaba a hacer su efecto, sobre la palma de su mano izquierda (como ya lo solía haber realizado en el ángulo inferior derecho de alguno de sus cuadros) escribió la palabra *Fin* y sobre la pared *Esta es mi mejor obra*.

Desde su muerte y sobre todo a partir de la década de 1990 se ha producido un proceso de recuperación histórica de su obra. En 1991, en el IVAM de Valencia, se presentó la mayor muestra dedicada a Greco; la misma muestra se pudo ver, un año más tarde, en el Museo Nacional de Bellas Artes de Buenos Aires.

# N.º 10

Fecha del enterramiento:
## 11 de Abril 2009
Artista:
## ADOLFO MANZANO
Obra:
## SUDARIO BLANCO CON EL TÍTULO DE LA OBRA BORDADO «OJOS TORPES Y EXTRAVIADOS DE UN LADO PARA OTRO, ES LA DEMENCIA»
Epitafio:
## *TU MIRADA*

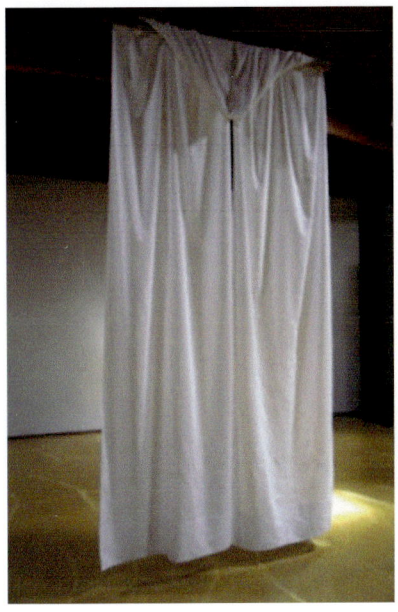 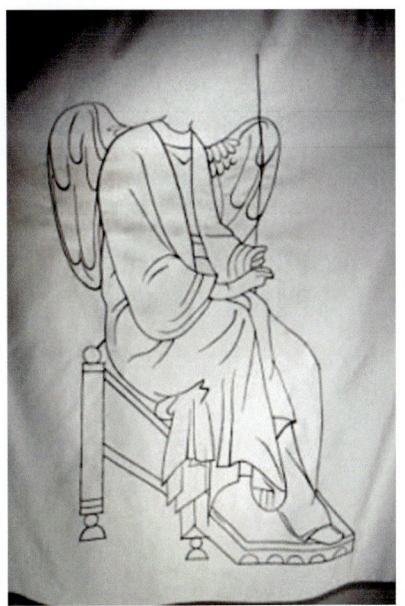

## BIOGRAFÍA

**Adolfo Manzano** (Bárzana de Quirós, Asturias, 1958) forma parte de esa nómina de artistas siempre en contacto con las nuevas tendencias del arte fuera de nuestras fronteras, pero, en el caso de Adolfo Manzano, teniendo siempre presente el entorno donde vive, Asturias, sus raíces. Baste recordar no sólo lo frecuente de la utilización de su lengua materna en los títulos de sus obras, sino también por el cuidado con el que integra su obra en el paisaje y la cultura de su tierra, como en la instalación efectuada en 1992 en el monte Monsacro.

Formado en la Escuela de Artes y Oficios de Oviedo, inició la práctica de la escultura al lado de Daniel Gutiérrez. Interesado por las capacidades de los materiales y la formulación constructivista, sus primeras obras ya manifestaron un interés primordial por lo objetual y el juego de escalas, para después investigar otros lenguajes que dieron paso a su obra de madurez, en la que afloraba de nuevo ese vínculo primero con el valor simbólico de los objetos, su descontextualización y su capacidad de diálogo con el espacio desde una óptica que no desdeña ni la ironía ni la crítica social. Adolfo Manzano incorpora a su lenguaje minimalista toda suerte de materiales, y así sirven a su arte tanto la madera y el aglomerado, el hierro y el aluminio, como la cera, la parafina, el esmalte, el papel y la fotografía.

La obra enterrada en el Museo-Mausoleo es una pieza de tela blanca de satén bordada por las hermanas pasionistas de Oviedo, unos ángeles sin cabeza, con el texto «Ojos torpes y extraviados de un lado para otro, es la demencia» que forma parte de la obra «El secreto de las campanas».

La obra fue expuesta en el CEVMO, colgada para su mejor contemplación. El artista, ayudado por varias mujeres de Morille, dobló cuidadosamente el sudario, según indican los cánones, antes de que este fuera introducido en su urna.

# N.º 11

Fecha del enterramiento:
## 18 de Abril 2009
Artista:
## MARÍA ALBA
Obra:
## SU TESIS
Epitafio:
## «De mayor quiero ser artista en paro»

## BIOGRAFÍA

15/05/1986
Máster de Investigación en Prácticas Artísticas y Visuales. Universidad de Castilla-La Mancha.
Licenciada en Bellas Artes por la Universidad de Castilla la Mancha. Especialidad: Diseño.

## PROYECTO DE ENTIERRO

«…a lo que no es, y ojalá fuera»
*De mayor quiero ser artista en paro. Técnica mixta*

Se trata de enterrar el proyecto fin de carrera, un proyecto multidisciplinar que cuestiona las distintas grietas que aparecen en los sistemas de producción y distribución de arte contemporáneo.

El trabajo reflexiona sobre todos los elementos que provocan que el artista no tenga derechos laborales propios y que, por lo tanto, hacen que no sea considerado un trabajador: legislación, educación, concepción social del artista, acceso a las instituciones museísticas y estudio de la situación laboral del artista.

Con el entierro en el Cementerio de Arte quiere cuestionar conceptos que atañen al arte contemporáneo: ¿es necesaria la visibilización de la obra?, ¿la exhibición?, ¿acaso es totalmente necesaria la materialidad del arte?

Durante el acto del entierro se grabó un video que se convertirá en el verdadero proyecto: *Por fin, mi obra en un museo.*

## CONTENIDO DE LA CAJA QUE SE VA A ENTERRAR

**– 1 de lo referente a la legislación**

DEMOSTRACIÓN: Mamá, creo que no soy español...

Proceso de documentación en el que se recogen todos los artículos de la Constitución española que se refieren a los derechos laborales de los españoles.

**– 2 de lo referente a la educación**

DEMOSTRACIÓN: Referéndum Universitario

Acción en la que se realizan un referéndum y unas elecciones «no oficiales» para promover la participación del alumnado en el desarrollo del centro a propósito de las verdaderas elecciones a decano de la facultad de Bellas Artes de Cuenca.

**– 3 de lo referente a la concepción social del artista**

DEMOSTRACIÓN: ¿Soy artista? ¿Qué es eso?

Se realizaron entrevistas a personas de cinco a ochenta años, (con intervalos de cinco años), en las que se les preguntaba: ¿qué es un artista? A estas respuestas se les realizó una réplica fotográfica para hacer visible la no exactitud, o total incorrección de las definiciones obtenidas.

**– 4 de lo referente al acceso a las instituciones museísticas**

DEMOSTRACIÓN: Currículum en blanco

Esta demostración se desarrolla con la práctica del Art-mail o Arte-postal. Trata del envío de 120 currícula a las principales instituciones que se dedican a la distribución artística de este país: museos, galerías y concursos de arte.

Dichos currícula estaban acompañados de una carta de presentación en la que se exponía que estaba enviando «mi currículum y mi obra». Los currícula que enviaba únicamente constaban de cinco hojas grapadas en blanco.

La pieza se convirtió en la documentación y almacenamiento de las contestaciones obtenidas como respuestas.

## – 5 de lo referente a la situación laboral del artista

DEMOSTRACIÓN: Soy artista, tengo trabajo y puedo demostrarlo

Para hacer visible la desregularización existente en el contexto laboral del artista visual contemporáneo, se realizaron las falsificaciones oportunas para que un artista pudiera tener toda su documentación profesional en regla:

Tengo un contrato de trabajo con una empresa que se dedica a la producción y distribución de arte contemporáneo, tengo mis nóminas en regla, estoy dada de alta en la Seguridad Social, podría cobrar el paro en situación de desempleo, me acojo al Estatuto de los Trabajadores y además formo parte de un Sindicato de Artistas.

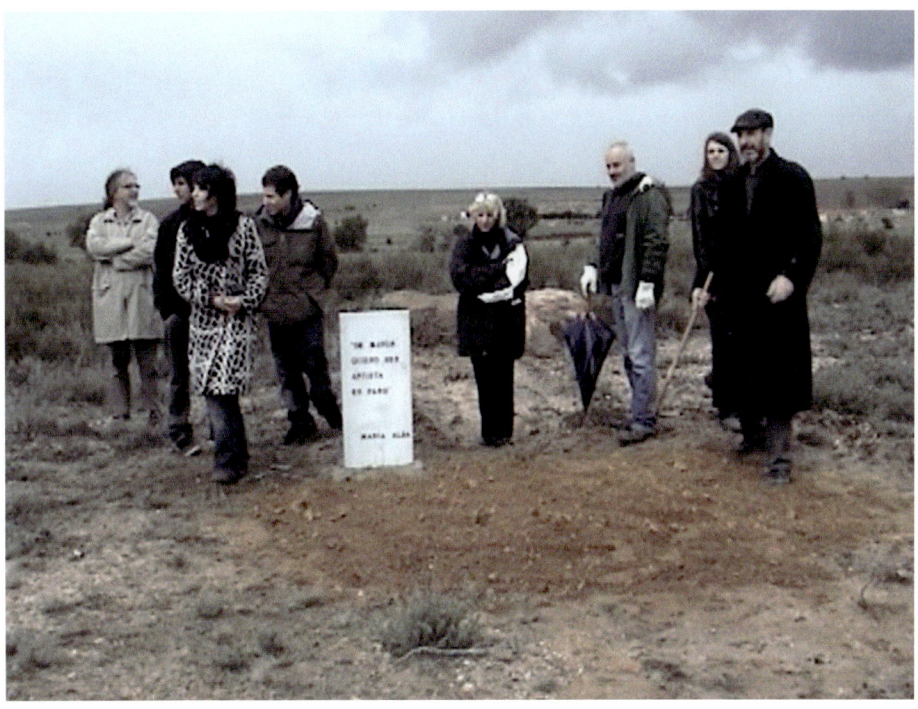

María Alba, destacada a la izquierda

# N.º 12

Fecha del enterramiento:
## 12 de Junio 2009
Artista:
## BETH MOYSÉS
Obra:
## «MIEDO» (una tela sobre bastidor, lleva bordada en rojo la palabra «Miedo») Las medidas 20 x 20 x 3 cm.
Epitafio:
## «Que descanses en ti y en nosotras también»

BIOGRAFÍA

**Beth Moysés** (Sao Paulo, Brasil, 1960).
Vive y trabaja en Sao Paulo (Brasil). Licenciada en Bellas Artes, en FA AP, (1983); Doctora en la Universidad Estatal de Campinas, (UNICAMP) (2004).

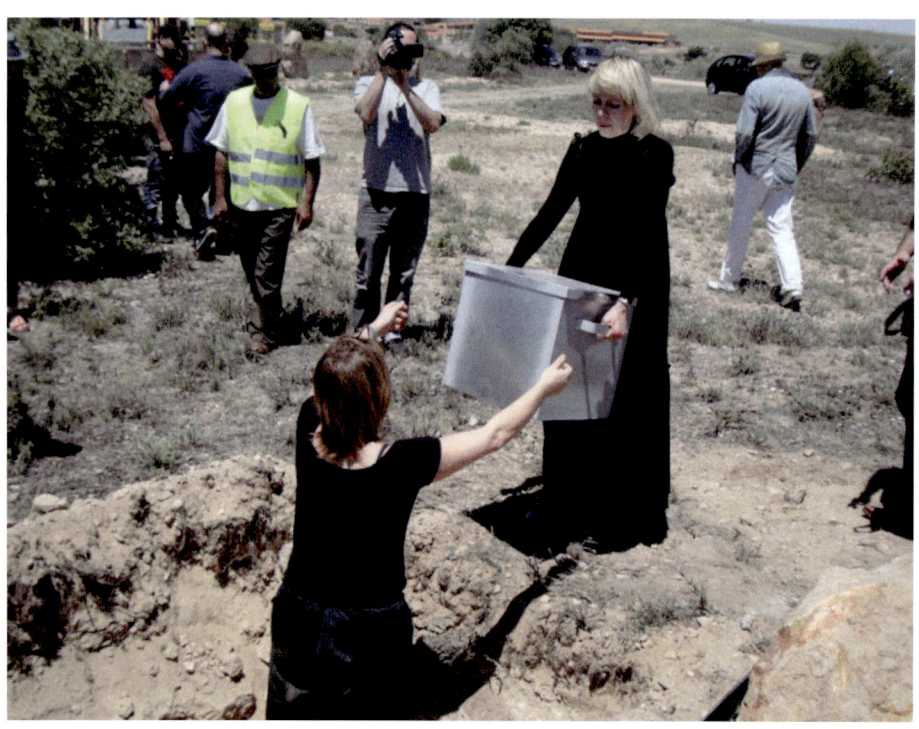

Ha realizado exposiciones y performances por todo el mundo.

Beth Moysés se acerca al tema de la violencia sobre las mujeres, fundamentalmente los malos tratos domésticos, desde una perspectiva sutil y poética, a través del traje de novia como metáfora tanto de felicidad, de amor, elegancia y belleza, como del comienzo de un proceso de compromiso, dedicación, sacrificio y, en muchos casos, de violencia sufrida por las propias mujeres en sus hogares. Casi todas sus obras artísticas las ejecuta con el mismo material, trajes de novia.

Comprometida con el activismo feminista, colabora asiduamente con grupos de mujeres contra los malos tratos, realizando trabajos creativos de fuerte carga social, como la serie de retratos de novias que realizó en una boda colectiva de mujeres presas en un penal de São Paulo.

# N.º 13

Fecha del enterramiento:
## 12 de julio 2009
Artista:
## PACO CAPARRÓS
Obra:
## LA ESFERA DEL MIEDO Y LA IGNORANCIA
Epitafio:
**«Aquí yace y pace La Esfera del Miedo y la Ignorancia. Deja aquí tus miedos, con gran favor para ti, y para el resto de la Humanidad»**

Se enterró una escultura realizada en aluminio fundido, con el título, **«La Esfera del Miedo»**. Con la participación del pueblo de Morille (Salamanca), Fernando Castro, Domingo Sánchez y varios poetas que llevaron la esfera a la sepultura, y en cuyo interior yacían en cenizas los miedos escritos en papel por los participantes y quemados en un acto cuasi mágico de liberación espiritual.

## BIOGRAFÍA

**Paco Caparrós** (Baza, Granada, España, 1954).

Nace en Baza (Granada) en 1954, inicia sus primeras experiencias con la fotografía a muy temprana edad en el estudio de su padre, donde explora la imagen fotográfica haciendo retratos de sus amigos y descubriendo en el cuarto oscuro la magia del «revelado». Se interesa por este lenguaje con particular intensidad, al tiempo que lo hace por la pintura y el dibujo de la mano de Julio Vázquez, un profesor de Bellas Artes argentino que se instaló en esa ciudad por el año 1964. Desde entonces y hasta hoy se dedica a la fotografía, tanto en su vertiente profesional como artística.

En el año 1966 trabaja experimentando con la imagen y el laboratorio, descubriendo las características de la química fotográfica en los procesos de positivado y las capacidades de las ópticas en el lenguaje de la imagen.

Realiza trabajos de campo costumbristas de personajes y paisajes de la provincia, así como bodegones experimentales y experiencias con dibujos y aguafuertes sobre cristal, los cuales positivaba mezclados con objetos sobre papel, solarizaciones y demás trabajos de índole experimental.

En 1969, viaja para conocer y retratar ciudades y pueblos de la geografía española, visitando El Prado, la casa museo de Sorolla en Madrid, el museo de Bellas Artes de Bilbao, quedando impresionado al contemplar las obras de Velázquez, Goya, Rubens o el Bosco.

En 1970, se traslada a Madrid para preparar el ingreso en Bellas Artes, pero será en Valencia donde ingresará en 1973.

Viaja a Italia para conocer y retratar ciudades, pueblos y visitar museos en 1972. Con sus primeros trabajos, **«El movimiento y la luz»**, establece una relación deconstructiva, que continua hasta hoy. Una manera de «arrastrar» lo fotografiado en un deseo de sintetizar el objeto, como si lo real fuera crudo y excesivamente descriptivo. Fernando Castro se refiere al trabajo de Caparrós como –cazador obsesivo de los placeres visuales metropolitanos, se mueve en la de-construcción del paradigma del instante decisivo, en vez del apropia-cionismo postmoderno o del instante dado–.

En su búsqueda del lenguaje expresivo, ha transitado por diver-sas disciplinas del paisaje y el retrato.

Reside en Valencia, España.

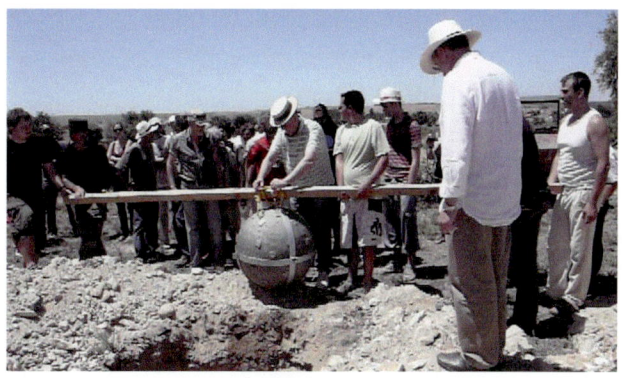

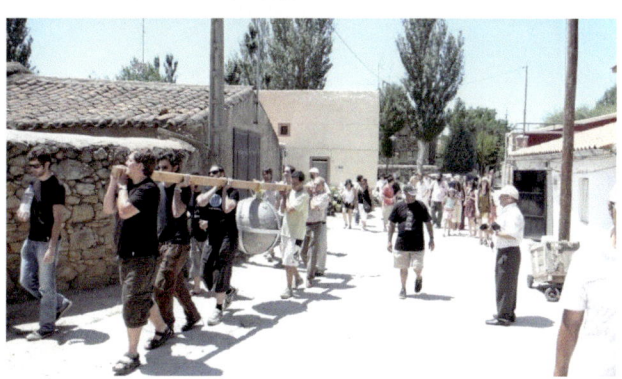

# N.º 14

Fecha del enterramiento:
## 1 de agosto 2009
Artista:
## ESTHER FERRER
Obra:
## «PERFORMANCE A VARIAS VELOCIDADES» (VERSIÓN ORIGINAL)

París 1987/ Salamanca 2009. Inventada, realizada y transformada en múltiples ocasiones por Esther Ferrer hasta el 1 de agosto de 2009, en que se realizo por última vez en este mismo cementerio.

Epitafio:
**Aquí yace la «Performance a varias velocidades» (versión original)**

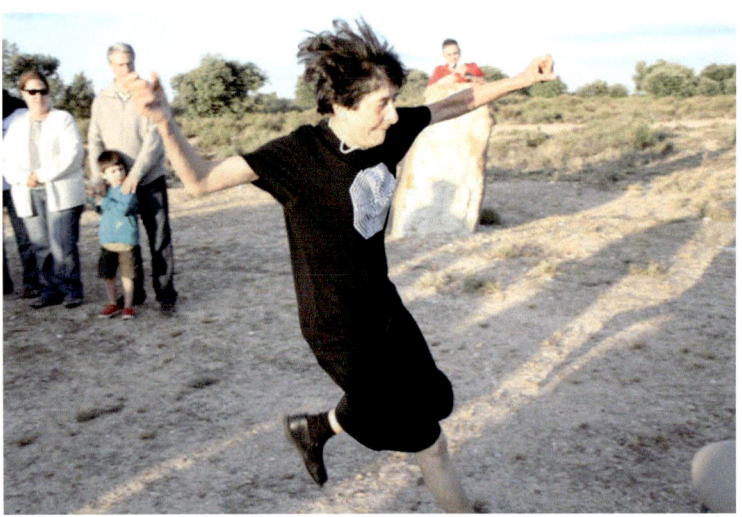

### BIOGRAFÍA

**Esther Ferrer Ruiz** (San Sebastián, 1937) es una artista interdisciplinar vasca, aunque centrada en el *performance art*. Es considerada como una de las mejores artistas españolas de su generación. En 1966, Esther se unió al grupo de performance Zaj, creado por la propia Ferrer junto a los españoles Juan Hidalgo y Ramón Barce y el italiano Walter Marchetti. Zaj fue conocido por sus actuaciones conceptuales y radicales, muchas de ellas inspiradas en la idea y obra de

John Cage. Sus representaciones se celebraron en algunos teatros y salas de conciertos de España durante la época franquista. El grupo Zaj fue disuelto en 1996 por uno de sus fundadores, Walter Marchetti. La producción de **Esther Ferrer** incluye objetos, fotografías y sistemas basados en series de números primos. También es conocida por su trabajo como artista performance. Sylvie Ferré ha dicho de ella que: «El trabajo de Esther Ferrer se caracteriza por un minimalismo muy particular que integra rigor, humor, diversión y absurdo».

En 1999, Esther Ferrer fue seleccionada para representar a España en la Bienal de Venecia.

En 2008 recibe el Premio Nacional de Artes Plásticas de España de mano del Ministerio de Cultura.

En 2009 fue elegida miembro de número de Jakiunde Academia de las Ciencias, de las Artes y de las Letras del País Vasco.

En 2014 le es concedido el Premio Velázquez de Artes Plásticas.

«Quise enterrar una *performance* que me gustara y que hubiera hecho muchas veces», argumenta la artista. «Las *performances* envejecen conmigo y las he ido adaptando a mi edad. Ésta exige un esfuerzo físico que no creo que pueda seguir realizando. Ya no puedo correr tanto y si lo hago de otra manera se perdería la esencia», admite. «Prefiero que muera siendo lo que fue».

La acción consiste en que la artista sale corriendo en una dirección concreta, al detenerse se sienta sobre una silla y habla para sí. La velocidad de la carrera es menor en cada ocasión, mientras que sus palabras van subiendo en volumen hasta terminar magnificándolas a través de un megáfono, en contraste con una carrera que al final es tan lenta que casi le hace perder el equilibrio. Desde 1987, la ha ejecutado en ciudades como París, Madrid, Colonia o Marsella. Esther Ferrer, con 72 años, la realizó por última vez el sábado a la caída de la tarde.

El cortejo fúnebre partió del ayuntamiento de Morille, encabezado por Ferrer, el alcalde, Domingo Sánchez Blanco –artista e ideólogo de la iniciativa–, algunos amigos, y gran parte de los habitantes del pueblo. Después de ejecutar la acción, metió en una caja la silla, el megáfono y la partitura original de la pieza, la cerró y hundió el primer clavo. Los asistentes fueron clavando el resto de la tapa. No hubo lágrimas. A Esther Ferrer no le interesa emocionar. «Otra de las razones por las que he querido enterrar esta *performance* es porque, con la edad, me quedo sin aliento y eso añade un componente dramático en el público que prefiero evitar. No me interesa manipular las emociones de los espectadores, es un recurso demasiado fácil. Quiero que piensen, no que sientan».

# N.º 15

Fecha del enterramiento:
## 11 de diciembre 2009
Artista:
## JOSÉ IGNACIO RODRÍGUEZ GARCÍA
(Doctor en Medicina y Cirugía por la Universidad
Complutense de Madrid)
Obra:
## ARTE, MUERTE Y COCINA
Objeto enterrado:
Un estómago que durante dos días estuvo alimentándose y
defecando artificialmente al cuidado de su creador, el Dr. José Ignacio
Rodríguez García, en el Gallo Espacio de Arte Contemporáneo
Epitafio:
Arte, muerte y cocina. El estómago. 11-12-2009

BIOGRAFÍA

**José Ignacio Rodríguez García** nació en Bocines (Asturias) en 1964. Es Doctor en Medicina y Cirugía por la Universidad Complutense de Madrid y especialista en Cirugía General y del Aparato Digestivo en activo.

Interesado en establecer vínculos entre el arte y la ciencia, ha participado en exposiciones colectivas e individuales de pintura y escultura, en instalaciones audiovisuales y ha ganado recientemente el Premio a la Escultura para médicos del Concurso de Arte «Rosa Conde»-Fundación Cirugía Española (2005). Ha presentado más de 80 comunicaciones orales, vídeos y póster en congresos, así como publicaciones nacionales e internacionales.

Asimismo es coordinador para el Principado de Asturias del Curso Básico de formación Cirugía Laparoscópica de la Asociación Española de Cirujanos, y Promotor e Investigador principal de proyectos relacionados con la formación en centros de entrenamiento con simuladores quirúrgicos virtuales y vísceras o animales de experimentación (2003-2015). Adjunto de Cirugía, Profesor Asociado en Ciencias de la Salud, vinculado al Hospital de Cabueñes. Universidad de Oviedo, y al Hospital Universitario Central de Asturias.

## Víscera autónoma

De todas las posibilidades de trasplante de vísceras y órganos internos actuales el aparato digestivo se caracteriza por interaccionar directamente con el medio externo. Un esofagostoma o gastrostomía de alimentación nos permite proporcionarle alimentos y por un estoma de evacuación se pueden eliminar residuos. Además las soluciones de preservación y la hipotermia permiten mantener viable el órgano o la víscera durante un tiempo.

La independencia que se puede lograr explica las posibilidades del planteamiento de un órgano o víscera autónomos.

El segmento gastrointestinal conectado por un extremo a una perfusión de nutrición enteral, con una banda ajustable utilizada como sistema restrictivo en la cirugía de la obesidad mórbida y con la boca distal conectada a una bolsa de colostomía, en una solución de preservación de órganos para transplante, permiten visualizar las posibilidades de la tecnología actual. ¿Cabe considerarlo como víscera de compañía en su acuario acondicionado? ¿Podremos conservar vivos nuestros órganos resecados?

Interesado en establecer vínculos entre el arte y la ciencia, ha participado en exposiciones colectivas e individuales de pintura y escultura, en instalaciones audiovisuales y ha ganado recientemente el Premio a la Escultura para médicos ya citado.

## Información técnica

Se trabaja en un bioterio y el material se obtiene del reciclado hospitalario y de desechables de cursos de Cirugía Endoscópica-laparoscópica. Las vísceras se obtienen de cerdos sacrificados en el Macelo Comarcal.

Se coloca la solución de preservación de órganos con hipotermia en un recipiente en el que a su vez se coloca un sistema de oxigenación. Se preparan las vísceras introduciendo una sonda de Foley del N.º 18 en la boca proximal. Se hincha el balón y se utiliza una sutura en jareta por encima para garantizar la fijación. Se conecta la sonda a un sistema de perfusión que permite la instilación de nutrición enteral . En torno a la parte alta del estómago se coloca una banda ajustable, conectada a un reservorio que permite modular el paso de alimentos. El extremo distal se sutura a un sistema doble de bolsas de colostomía que a su vez se conecta a una bolsa de recogida de residuos fecales.

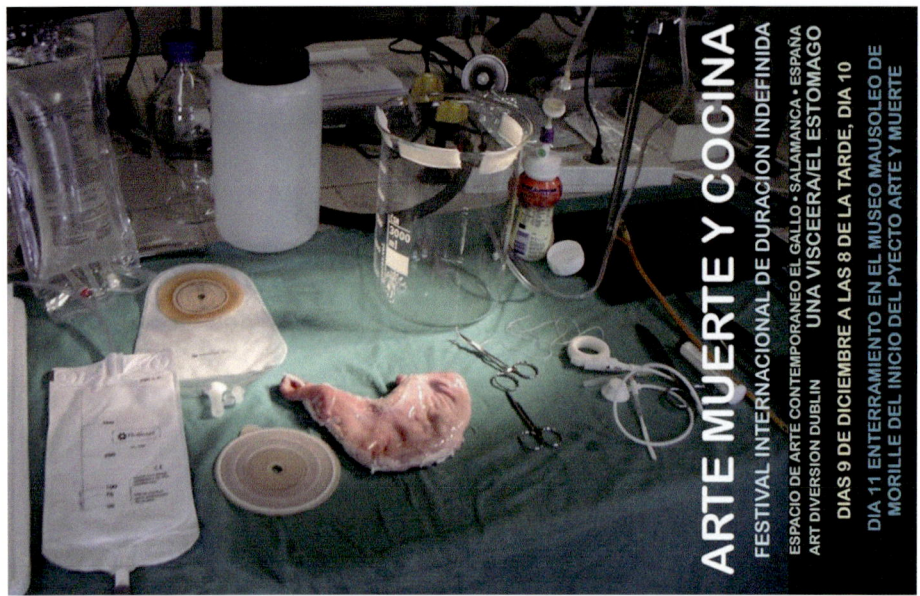

Promoción de la exposición que precedió, en el Espacio de Arte Contemporáneo El Gallo, al enterramiento en el Museo-Mausoleo de Morille

# N.º 16

Fecha del enterramiento:
## 12 de febrero 2010

Artista:
## QUICO RIVAS (Enterramiento póstumo)

Obra:
## ENTERRAMIENTO DE SUS ZAPATOS, CEDIDOS POR SU HIJA.

Epitafio:

Aquí yace el cuerpo
podrido y descansa,
incorruptible, el corazón
del malogrado Quico Rivas,
quinto Conde de la Salceda,
último Marqués de la Piscina
del Templo de Salomón.
Tuvo y lo fundió.
De comer algunos días
se hartó. Y otros muchos ayunó.
Milagrosamente de beber nunca
le faltó.
Tuvo más de mil amores
maravillosos y a todas
recordaba con devoción.
Intentó varios negocios
ruinosos y siempre
presumió de cumplir,
aunque no siempre cumplió.
De su suerte
jamás se quejó.
Lo que tuvo lo gastó.

Y tan ocupado estuvo
en su desocupación,
que no conoció
el aburrimiento
ni encontró un momento
para sentarse a escribir
el gran poema de su vida

POEMA
Cuando pases, forastero,
ofrece una oración
o un verso nuevo
por el descanso eterno
del hombre que en su losa
esta súplica grabó:
«De ti, hermano que te alejas,
sólo pretendo la flor
de tu perdón.
Me dicen tus pisadas
que tú, igual que yo,
tampoco tienes
perdón de Dios».

## BIOGRAFÍA

**Francisco de Rivas Romero-Valdespino**, **Quico Rivas** (Cuenca, 1953-Ronda, 2008) es considerado uno de los críticos de arte español más importantes de los últimos tiempos. Se crio en Sevilla y después se trasladó a Madrid. Pensador, poeta, activista político, crítico de arte, explorador de la frontera que hay entre el arte y la vida, instigador de situaciones, creador de ámbitos, la importancia de su labor en el universo de las vanguardias artísticas de nuestro país durante los últimos 30 años ha sido ingente.

Muchos de los escenarios donde se gestó lo que vino en llamarse movida madrileña le tenían como protagonista. Brillante y refinado, era un conde sin modales de conde. Conde de la Salceda, para más señas, título que cuando le correspondió lo llevó a gala tanto como su condición de insurgente insobornable. Porque lo suyo era la insurgencia permanente. Provocador, inquieto, versátil, lector incansable, buen vividor, escribió las más bellas líneas sobre arte y literatura, desperdigadas en cientos de catálogos editados por ahí.

En la capital hispalense, en 1969, con sólo 16 años, creó, junto a Juan Manuel Bonet, el Equipo Múltiple, un grupo que reunía a artistas jóvenes que se caracterizaban por una obra ecléctica, culturalista, desenfadada y llena de humor. También participó en la fundación de centros artísticos como M-11 e inauguró una sección de crítica de arte en el Correo de Andalucía. Ya en Madrid se implicó en la organización de míticas exposiciones como Madrid, Madrid, Madrid (1980) y se convirtió en empresario de la noche con la apertura de locales como «Cuatro Rosas o «La Mala Fama», uniéndose así la Movida madrileña. Fruto de su compromiso político (él mismo se definía como anarcosindicalista y estaba afiliado a la CNT desde 1976), en 2003 apoyó la huelga de los basureros de Tomares (Sevilla) y consiguió que decenas de pintores donaran al comité de huelga sus cuadros, que dieron lugar a la exposición BasurArte.

Fue director de publicaciones como Refractor y El Plante, editor de la Infiltración y colaborador de numerosos diarios y revistas (El País, ABC).

Fue editor, comisario de exposiciones, impulsó a creadores de cualquier signo y vocación, les prestó sus mejores argumentos y enredó mucho, porque su cabeza no paraba de funcionar. A la par, se consideraba un pintor dominguero. Poco antes de morir reunió a familiares y amigos con una muestra de sus dibujos y collages, en Sevilla. Se despedía de su vida profesional, la de crítico de arte, y celebraba su cincuenta y cinco aniversario como entrada en la gozosa jubilación. Decía que con esa decisión se había quitado un peso de encima. «Ahora puedo dedicarme a mi obra», comentó con su sorna habitual. «Larga vida al camarada Rivas», le deseamos en su último brindis.

Él ya sabía que no iba a ser así, pero no le dio tiempo siquiera a cobrar su primera pensión. Se fue demasiado pronto, en plena actividad, urdiendo planes, después de pasar un día feliz en su florido valle de Grazalema.

Infatigable activista contracultural, comisario de muestras artísticas heterodoxas, escritor de prosa estilizada, crítico sagaz pero

inteligible y entusiasta pintor dominguero (según su propia defini-
ción), Quico Rivas ha dejado un reguero de amigos por todos los
rincones de España, que siempre apreciaron su luminosa presencia.
Las infinitas amistades de Quico Rivas comprendían gente de muy
variado pelaje: músicos y artistas de la ya extinta Movida, pintores de
la figuración madrileña, periodistas bebedores y críticos vividores, se-
ñoritos andaluces y quinquis madrileños, casi todos con la obligación
de ser noctámbulos para disfrutar de su conversación cadenciosa,
aristocrática y conspiratoria.

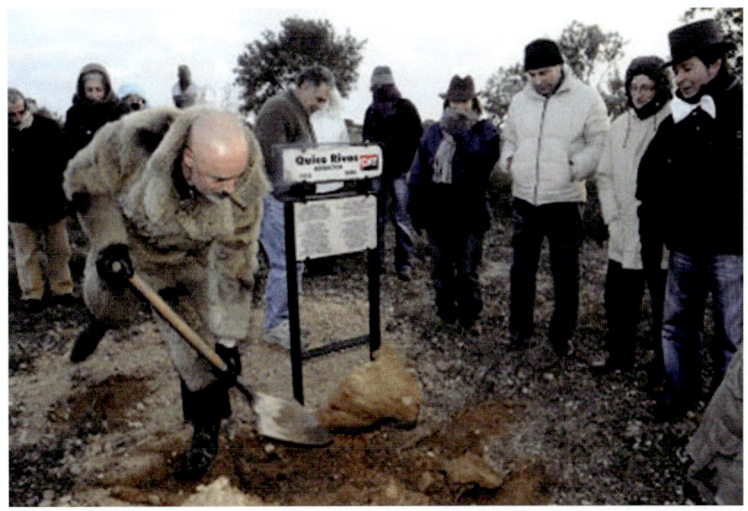

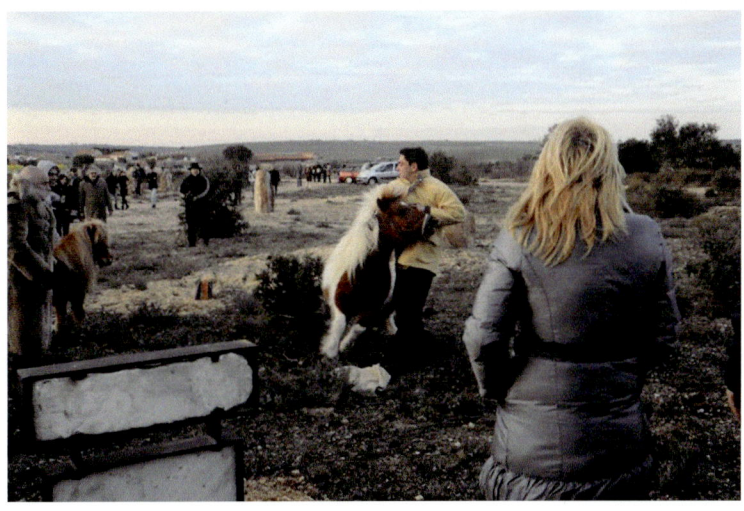

# N.º 17

Fecha del enterramiento:
## 1 de julio 2010
Artista:
## BERNARDÍ ROIG
Obra:
## ESCULTURA DEL ARTISTA, DESTRUIDA POR SU ASISTENTE
Epitafio:
## FUERA DE MI CABEZA NUNCA HUBO NADA

BIOGRAFÍA

**Bernardí Roig** (Palma de Mallorca, 1965).

Se erige como uno de los artistas españoles y contemporáneos más influyentes en el panorama nacional e internacional. Su producción es multidisciplinar, ya que cultiva el dibujo, la escultura, la instalación, la fotografía y el vídeo. A través de todas estas disciplinas, consigue envolver sus obras bajo un enfoque intimista y un estilo muy subjetivo.

Se licenció en la Facultad de Bellas Artes de Barcelona y, posteriormente, emigró a países como Francia o EEUU, donde su obra se vio enriquecida por la cantidad de nuevas influencias y puntos de vista que conoció.

De su obra destaca la singularidad con que transmite su discurso: se trata de piezas hiperrealistas que contrastan con una estética minimalista y conceptual, en cuanto a puesta en escena y colorimetría. Para ello, emplea materiales como el mármol o la resina, y elementos como la luz. Se sirve de todo ello para crear composiciones que susurran al espectador sobre la soledad, la memoria, el sexo, la introspección y la vulnerabilidad humana en un contexto gobernado por la tecnología y los mass-media. Trabaja a partir de argumentos de carácter universal, que evoca desde una mirada subjetiva, con la que el artista invita a iniciar reflexiones de carácter individual y a cuestionar lo que nos rodea. Su obra conmueve, pero también molesta, porque nos invita a escarbar en nuestros secretos y miedos, para vernos reflejados en lo que sucede a nuestro alrededor.

A lo largo de su carrera artística, ha sido premiado en numerosas ocasiones y goza de diferentes reconocimientos, entre los que destacan el Premio de Escultura de la Fundación Cañada Blanch. Además, ha participado en diversas exposiciones, y en intervenciones como la acontecida en el Cementerio de Arte, donde enterró su obra "Uno se encuentra situado, exactamente, debajo de su propia cabeza" (2010).

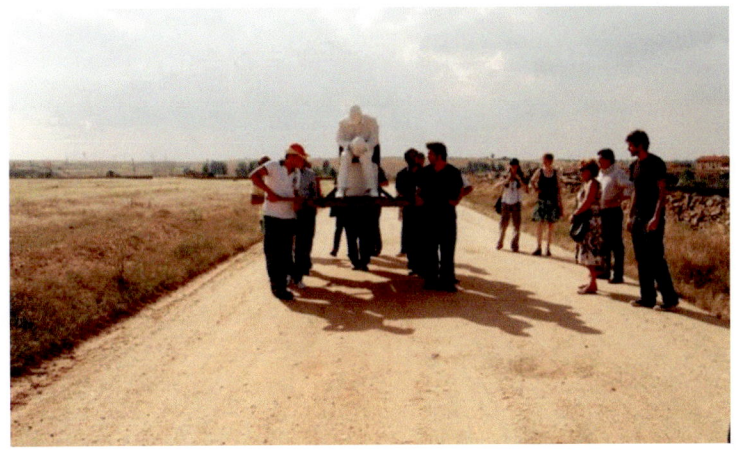

Bernardí Roig no tiene empacho en describirse a sí mismo, en cuanto artista, como «un ladrón» del trabajo de otros creadores como él. Cree, de hecho, que en esa apropiación mutua de materiales reside la naturaleza de su oficio, que tampoco entiende sin la combinación de diferentes disciplinas, de la fotografía y el vídeo al trasiego de materiales industriales, con lo que él –como su admirado Giacometti, el gran amasador de líneas– considera su elemento natural: el dibujo.

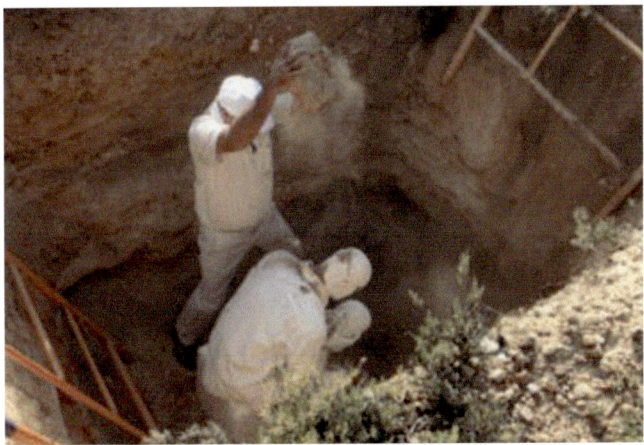

El enterramiento de la pieza de **Bernardí Roig** estuvo lleno de emoción y sorpresa, porque el realizador de la pieza (Antonio Morán) destruyo el cadáver, aún intacto, en forma de escultura, en un herético rito salvaje de matar al objeto del sepelio.

# N.º 18

Fecha del enterramiento:
## 2 de Julio 2010
Artista:
## JUAN HIDALGO
Obra:
## TÍTULO: MUERTE DE CLAUDE MONET DE AYACATA
**(Enterramiento de una obra realizada exclusivamente
para enterrar en el Museo Mausoleo)**
Epitafio:
**SIN EPITAFIO (esto es lo que debe figurar como epitafio)**

BIOGRAFÍA

**Juan Hidalgo Codorniu** (Las Palmas de Gran Canaria, 1927-Ayacata, Gran Canaria, 2018) fue un artista multidisciplinar vanguardista español, compositor, fotógrafo, pintor, escultor y poeta, también experimentado con las performances.

Estudió piano y composición en Barcelona y París con Nadia Boulanger y Bruno Maderna. En 1957 participó en el XII Internationale Ferienkurse Fur NeueMusik (un festival musical) en Darmstadt con su obra «Ukanga», una composición en serie para un conjunto de cinco cámaras, siendo el primer compositor español en participar en el festival. En 1958, Hidalgo conoció en la respectiva edición del festival a los compositores americanos John Cage y David Tudor, que fueron cruciales en el desarrollo posterior de su obra.

Entre 1962 y principios de 1964, Hidalgo profundiza en las culturas china y japonesa en el ISMEO (Instituto para el Medio y Extremo Oriente), de Milán y Roma, y compone la obra JA-U-LA, una música automática para ocho instrumentos basada en tres lecturas diversas de un poema de Wang Wei. A partir de estos años, la obra de Juan Hidalgo alcanza una dimensión escénica que no abandonará nunca.

En 1964, junto a Walter Marchetti, crea ZAJ, uno de los principales grupos de vanguardia musical, escénica, artística y poética del siglo XX. Este grupo formado en un principio por el propio Hidalgo, Marchetti y Ramón Barce, arranca su andadura con el «Primer traslado ZAJ» por las calles y plazas de Madrid, el 19 de diciembre. A partir de entonces, desarrollan un torrente de actividades experimentales relacionadas con el accionismo, las performances, el teatro musical, los conciertos de música experimental, las instalaciones, el nuevo arte postal, los libros de artista, la poesía visual y objetual, así como la fotografía de acción. De esta manera, y en la mejor tradición de las vanguardias históricas, sus conciertos son también acciones, performances o poemas escénicos. Los vasos comunicantes entre las formas, las sinestesias entre los objetos, las palabras, los sonidos, las imágenes se debaten en diversas relaciones en el espacio y el tiempo.

El grupo, y especialmente Juan Hidalgo, se convierte en un referente mundial en las expresiones artísticas, escénicas, poéticas y musicales contemporáneas. Durante los años de la transición política en España, Juan Hidalgo está muy presente en la actividad artística del archipiélago canario, aunque sigue realizando acciones y performances, además de charlas y talleres sobre su trabajo por todo el mundo. Durante las últimas décadas, el trabajo de Juan Hidalgo recibió múltiples homenajes.. Por esos años, obtiene el Premio Canarias de Bellas Artes, además es nombrado Académico correspondiente de la Academia de San Miguel Arcángel y recibe la Medalla de Oro al Mérito de las Bellas Artes del Ministerio de Cultura español.

En el año 2016 recibió el Premio Nacional de Artes Plásticas.

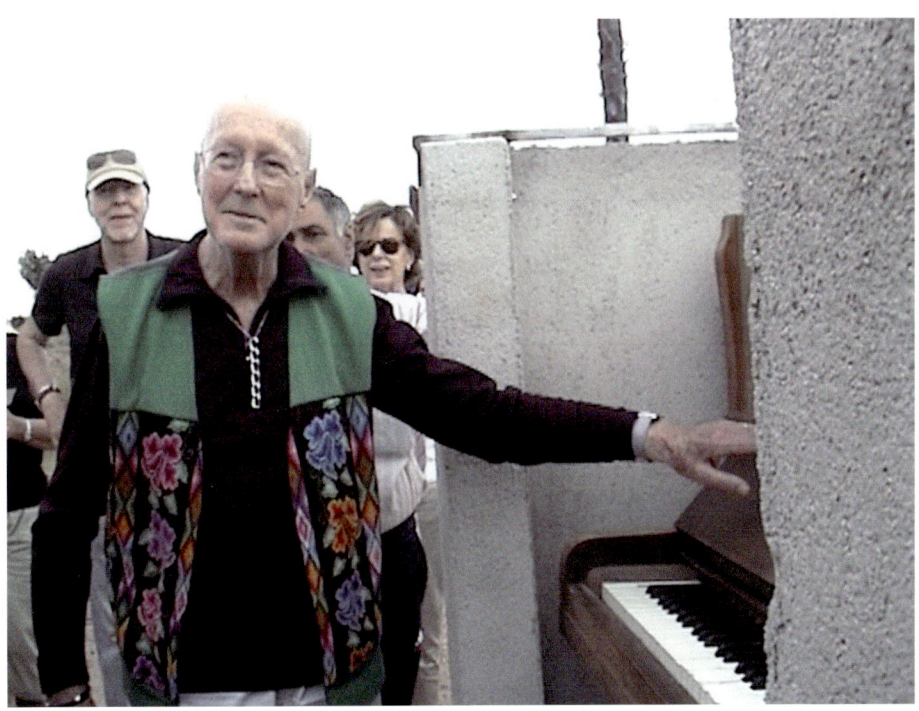

# N.º 19

Fecha del enterramiento:
## 2 de Julio 2010
Artista:
## JAIME BUENO RONTOMÉ
Obra:
## Enterradas sus cenizas por cortesía de Domingo Sánchez Blanco, amigo suyo
Epitafio:
## Al ceramista Jaime Bueno. Cada día que amanece para mí es un regalo

## BIOGRAFÍA

**Jaime Bueno Rontomé** (Plasencia 1964-Plasencia 2009).
Conocido y querido, la noticia de su muerte corrió como la pólvora por su ciudad. El artista placentino falleció a los 45 años de edad por un traumatismo craneoencefálico severo. Supuestamente, a consecuencia de una fuerte caída sufrida en su taller de la Ronda Salvador.

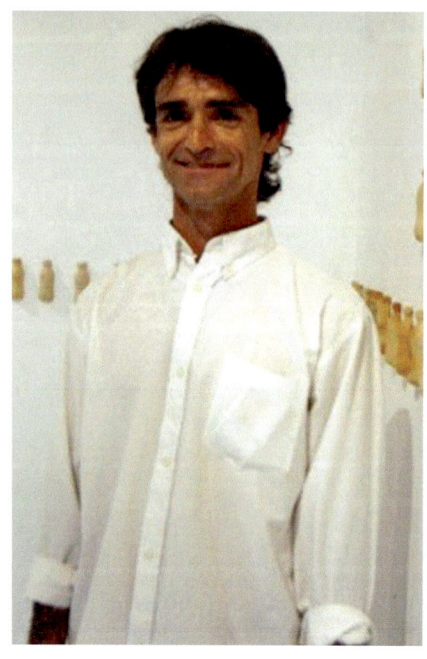

Ingresó de madrugada en el Hospital Virgen del Puerto, pero ya no se pudo hacer nada por salvar su vida. Desde el centro sanitario fue trasladado por la mañana hasta el tanatorio Nuestra Señora de Fátima, después de que se le practicara la autopsia en la sala del cementerio.

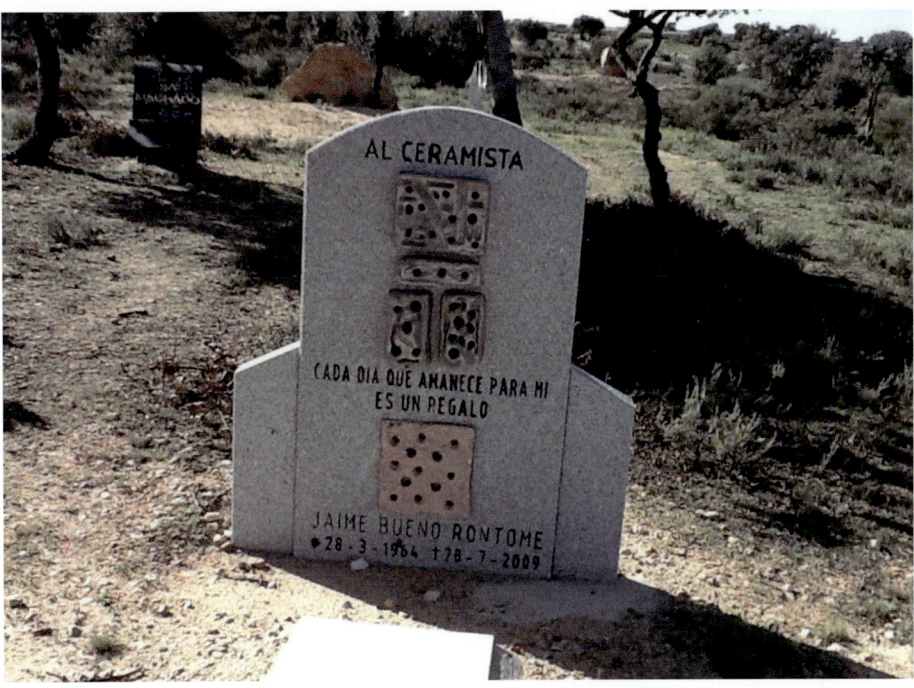

Su madre y hermanos, familiares y amigos dieron su último adiós al ceramista por la tarde, en la iglesia del Salvador, donde se celebró el funeral a las 19 horas. A continuación el cadáver fue incinerado. Descanse en paz.

# N.º 20

Fecha del enterramiento:
## 18 de Julio 2010
Artista:
## COOMONTE
Obra:
## Reproducción escultórica de un pan pequeño castellano
Epitafio:
## COOMONTE PAN 2010

BIOGRAFÍA

**José Luis Alonso Coomonte** (Benavente, Zamora, 1932).
Nace en el seno de una familia de artesanos (su padre era ebanista) en donde toma contacto con materiales y formas que le acompañarán toda su vida. Coomonte estudia en la Escuela de Bellas Artes de San Fernando en Madrid entre los años 1950 y 1954 y, después de un tiempo en Madrid, se asienta en su Benavente natal, donde instala su estudio y un taller de forja, y da clases de dibujo en el Colegio Virgen de la Vega. No cuesta nada imaginar el estado de ánimo de un artista de la talla de Alonso Coomonte en el Benavente de la época, cuando Madrid era ajeno a los cambios artísticos que se producían en Europa y Estados Unidos.

El año 1960 resulta crucial en la carrera artística de José Luis Alonso Coomonte. Es seleccionado para representar a España en la Bienal de Arte Sacro de Salzburgo y, con su «Ostensorio», logra la Medalla de Oro en Escultura. La popularidad que alcanza es enorme. A partir de ese momento se le acumulan los encargos de carácter religioso: rejerías, mobiliario religioso… y, desde 1965, de las Cajas de Ahorros de muchas de las capitales de provincia.

En 1962 regresa Coomonte a Madrid, en donde, en compañía de Carlos Muñoz de Pablos y Francisco Argüello crea «Gremio 62», exponiendo en la Dirección General de Bellas Artes.

Durante los años siguientes Coomonte se muestra como el verdadero genio que es. Obras como su «Discóbolo», 1961, o «Equilibristas», 1955, ambas en hierro, nos muestran a un Coomonte cubista; su «Forma dinámica», 1964, un artista abstracto que ya comienza a investigar con el poliéster; su «Fuente», 1965, en hierro y piedra, instalada en el Jardín del Parque de las Naciones en Madrid, un artista con una visión pública del arte. Pero es en la rejería donde Coomonte no sólo se destaca, sino que eleva al nivel de los grandes forjadores renacentistas y barrocos con un lenguaje personal de impresionante imaginación.

Desde 1982 tiene instalado su estudio en San Marcial, donde en la actualidad tiene un pequeño museo personal con muchas de sus obras más representativas y hermosas.

Profesor de la Escuela de Artes y Oficios y Profesor Asociado de Escultura en la Facultad de Bellas Artes de Salamanca, ha impartido varios cursos para la Fundación Capa, con quien colabora asiduamente.

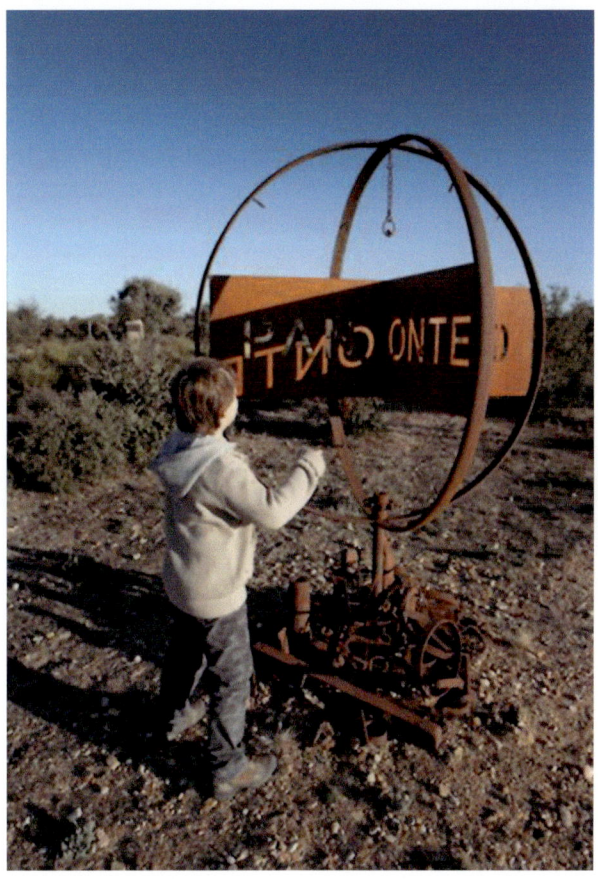

Hito o «lápida» de Coomonte-José Lorenzo Castaño sobre la tumba
que acoge el «Pan castellano» de Coomonte

# N.º 21

Fecha del enterramiento:
## 11 septiembre 2010
Artista:
## VÍTOR SÁ MACHADO
Obra:
## «ORGÍA»
Epitafio:
## Vítor Sá Machado «Orgía» XI-IX-MMX

BIOGRAFÍA

**Vítor Sá Machado** (Lisboa, 1947) es un escultor portugués de amplia trayectoria en su país. Trabaja con los cantos rodados de los ríos y los ensambla con metal. Vítor hace una escultura figurativa, expresiva, extraña e inquietante. Es crítico con lo establecido y los prejuicios sociales. Trabajó como un diseñador gráfico para los estudios de arquitectura, como ilustrador y dibujante para varias publicaciones nacionales.

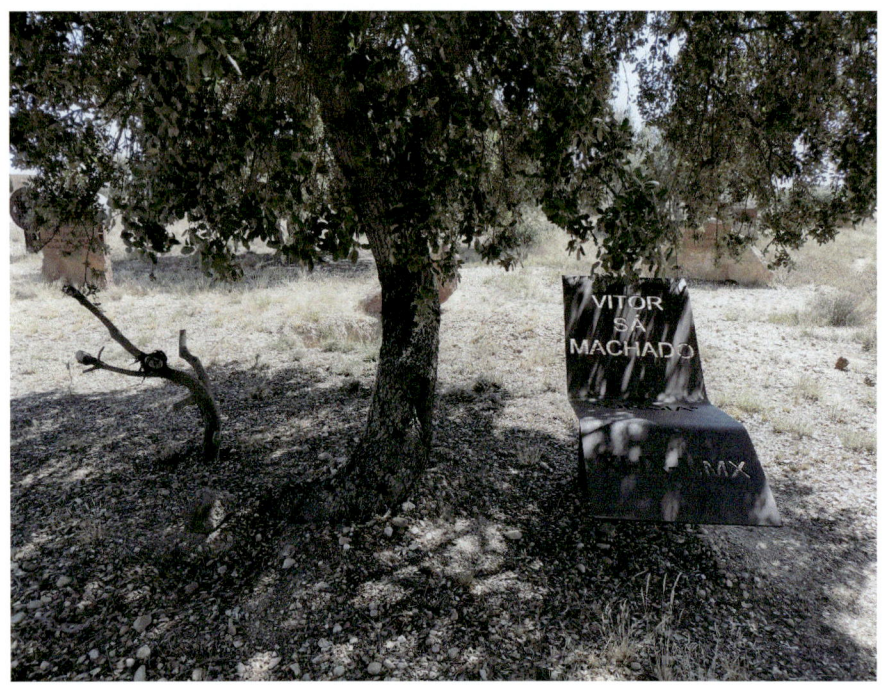

Su trabajo se destaca en el teatro, creando utilería, escenografía y máscaras para diversas empresas como Teatroesfera, Teatro Variedades, Teatro Acert, Taller de Teatro y el Teatro Nacional D. Maria II.

Participa en muestras colectivas e individuales desde 1985 con esculturas, acuarelas, caricaturas, cerámicas y dibujos. Él reside actualmente en Escalhão (Beira Alta, Portugal), donde se dedica a sus esculturas y acuarelas, sin dejar de trabajar para el teatro y la televisión.

Su pieza «Orgía» es un a tumbona, uno de los ejemplos de piezas escultóricas ancladas, pero no enterradas, en el Cementerio de Arte. Con posterioridad a la fecha inicial, Sá Machado ha ido enriqueciendo, en distintas visitas a Morille, la obra con otras esculturas anejas.

Son de su autoría asimismo otras figuras dispuestas en el casco urbano del municipio: el diablo que preside la Tenada Municipal o el Chimpancé que corona el Ayuntamiento.

# N.º 22

Fecha del enterramiento:
## 24 de octubre 2010
Artista:
## FERNANDO HIGUERAS
Obra:
## DOCUMENTACIÓN SOBRE LA IGLESIA DE SANTA MARÍA DE CANÁ EN POZUELO DE ALARCÓN
Epitafio:
## DEVORASTE ALGO DEL TEMPLO Y LO VOMITASTE LUEGO FERNANDO HIGUERAS

Donación de la documentación relativa a la polémica que sostuvo durante largo tiempo con el arzobispo de Madrid, Monseñor Rouco Varela, a propósito de la construcción de la catedral de Pozuelo de Alarcón» (Fundación Fernando Higueras), original y dos copias, entregadas por su viuda.

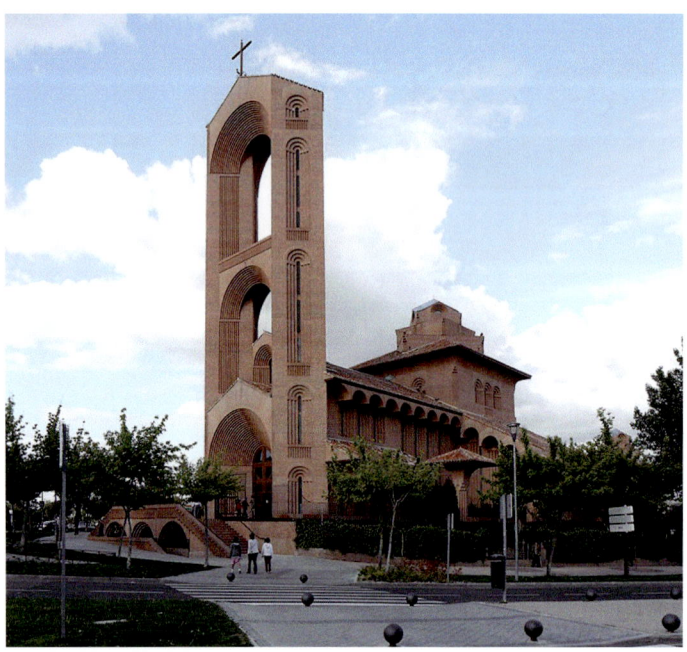

Iglesia de Santa María de Caná, Pozuelo de Alarcón, Madrid

## BIOGRAFÍA

**Fernando Higueras** (Madrid, 1930-Madrid, 2008) fue un relevante arquitecto español. Se tituló como arquitecto en la Escuela Técnica Superior de Arquitectura de Madrid en 1959, dentro de una promoción caracterizada por su distanciamiento del racionalismo y su aproximación a las corrientes organicistas, que tenían como referencia la obra de Frank Lloyd Wright.

En 1969 adquirió gran fama internacional con su proyecto del edificio polivalente de Montecarlo, y ha sido uno de los más principales e influyentes arquitectos de la modernidad española.

Gran aficionado a la música, a la pintura y a la fotografía, disciplinas artísticas en las que también ha sido premiada su valía, la originalidad y potencia creadora de Higueras representa, dentro del panorama arquitectónico español, una de las más singulares conjunciones de rigor constructivo con la adaptación al medio físico y natural y del entendimiento de la arquitectura popular desde planteamientos contemporáneos. Sus espectaculares y sencillas soluciones estructurales, junto con sus bóvedas tabicadas han influido en arquitectos posteriores de manera significativa. La riqueza de la obra de Higueras representa al tiempo la continuidad arquitectónica en España del constructivismo ruso y de la mejor tradición constructiva de Wright, pudiendo ser considerado también como uno de los precursores del informalismo en la arquitectura.

Falleció en su ciudad natal, el 30 de enero de 2008, a los 77 años de edad.

Entre sus proyectos y obras más destacadas figuran su proyecto para el Pabellón Español en Nueva York en 1963, para el edificio polivalente para Montecarlo en 1969, y la casa La Macarrona en Madrid en 1971–76, así como el edificio Castellana, en el número 266 del Paseo de la Castellana en Madrid, o la Sede del Instituto del Patrimonio Histórico Español. Resulta particularmente novedoso por su estilo constructivo y sus materiales el *Colegio Estudio*, heredero de la Institución Libre de Enseñanza (del que fue alumno), en Madrid.

Su obra figura en el MOMA de Nueva York.

# N.º 23

Fecha del enterramiento:
## 16 de abril 2011
Artistas:
## FACULTAD DE BELLAS ARTES DEL PAÍS VASCO. UPV-EHU
Obras enterradas:
## ENTERRAMIENTO COLECTIVO DE ESCULTURAS
Epitafio:
## «BIDEA PROYECTO COLECTIVO DE ESCULTURA FAC. BBAA-UPV/EH»

Proyecto BIDEA de la Facultad de Bellas Artes del País Vasco (UPV-EHU) en Radio Nacional de España (14.04.2011). Enterramiento colectivo en el Cementerio del Arte de Morille (Salamanca).

Escultura realizada de forma colectiva por un grupo de estudiantes y profesores de la Facultad de Bellas Artes de la Universidad del País Vasco que ha recibido el nombre de Bidea (camino).

La obra escultórica está formada por varias piezas de alabastro y cerámica acompañada de una caja de madera que contiene pequeños objetos y mensajes escritos.

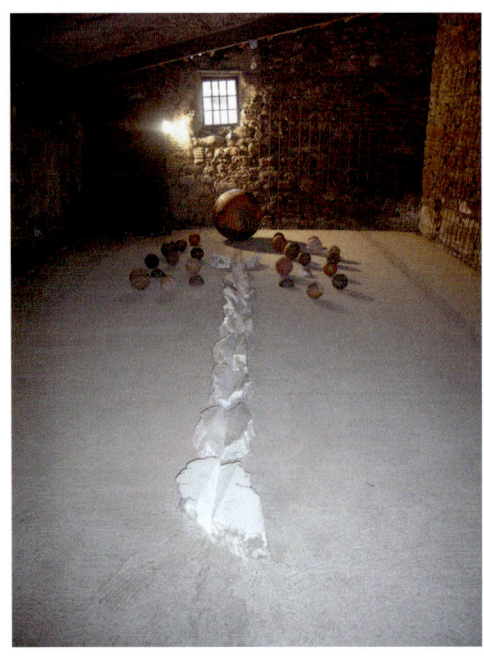

La jornada de enterramiento comenzó a las 12 horas en la Tenada Municipal, donde se recibió a los alumnos y profesores de la UPV, para a continuación iniciar la salida de la comitiva hacia el Cementerio de Arte, acompañada de música de gaita y tamboril.

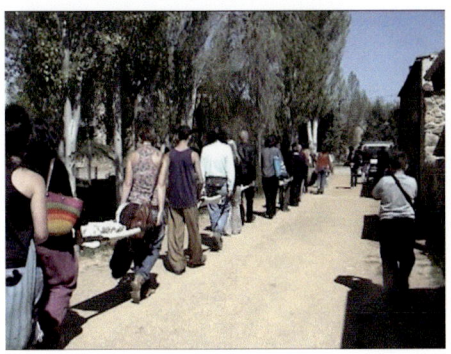 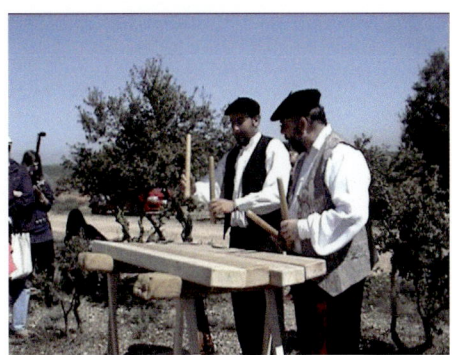

Allí los esperaba un grupo de música tradicional vasca, Txalaparta (que acompañó el soterramiento). Una vez finalizado el entierro, los asistentes disfrutaron de una jornada de convivencia con diversas actividades por el municipio.

Como ejemplo de la sorpresa y la improvisación que caracterizan las acciones del Cementerio de Arte, en la Tenada Municipal y a los postres, apareció el folclorista salmantino Eusebio Mayalde, portando un caldero. Los txalapartistas y Mayalde improvisaron juntos varios temas, clara muestra de fusión cultural vasco-castellana.

# N.º 24

Fecha del enterramiento:
## 10 de julio 2011
Artista:
## RODRIGO CORTÉS
Obra enterrada:
## LOS 4 ROLLOS DEL RODAJE DE LA PELÍCULA «BURIED» (ENTERRADO)
Epitafio:
## ENTERRADO DE RODRIGO CORTÉS

BIOGRAFÍA

**Rodrigo Cortés Giráldez** (Pazos Hermos, Orense, 1973) es un director, actor, productor y guionista español. Desde joven se encuentra especialmente vinculado a la ciudad de Salamanca. Su último proyecto cinematográfico, *Red Lights*, fue estrenado en marzo del año 2012.

A los 16 años realizó su primer cortometraje, *El descomedido y espantoso caso del victimario de Salamanca*, en formato súper 8, al que posteriormente seguiría *Siete escenas de la vida de un insecto*, rodado en blanco y negro y basado en el libro *La metamorfosis* de Franz Kafka. A comienzos de 1998, Sogetel y Jabalina Records lo reclamaron para rodar el videoclip de la canción *Sick of you* del grupo Onion, para la película *Abre los ojos* de Alejandro Amenábar.

En julio de 1998 realizó el cortometraje *Yul*, trabajo que lo dio a conocer en el ámbito cinematográfico, obteniendo casi 20 galardones en España. En 2001 estrena el cortometraje *15 días*, que le valdría una nominación a los Premios Goya como mejor cortometraje y que, en menos de dos años, conseguiría más de 50 galardones en reconocimientos nacionales e internacionales, convirtiéndose en uno de los cortometrajes más laureados en la historia del cine español. Fue galardonado con el Universal Studios Award, que lo llevó durante dos semanas a los Estudios Universal de Los Ángeles a realizar un Filmmaster.

En la primavera de 2001 es seleccionado por TVE y la productora Filmart para participar en la primera edición en España de *Los diminutos del calvario*. A finales del año 2003, por petición de Universal

Music, realizó el videoclip del tema *Travesura*, del músico de chillout José Luis Encinas.

En 2007 realizó su primer largometraje, *Concursante*, que recibió el premio de la crítica en el Festival de Málaga de ese mismo año y una nominación a los Premios Goya 2008.

En septiembre de 2010 se estrenó su salto a la fama, *Buried*, protagonizada por Ryan Reynolds, calificada como «una película de horror con delirios de grandeza» por The New York Times y como «un ingenioso ejercicio de tensión sostenida que haría que Alfred Hitchcock se removiera en su tumba» por el semanario *Variety*. El film obtuvo el premio de la crítica en el Festival de Deauville y la mejor película en L'Etrange Festival días antes de su estreno.

En 2012 se estrenó *Red Lights*, una película del género thriller protagonizada por Sigourney Weaver, Robert De Niro y Cillian Murphy, y que se centra en la figura de una parapsicóloga que intenta desacreditar a un reputado vidente que ha vuelto a la fama después de 30 años.

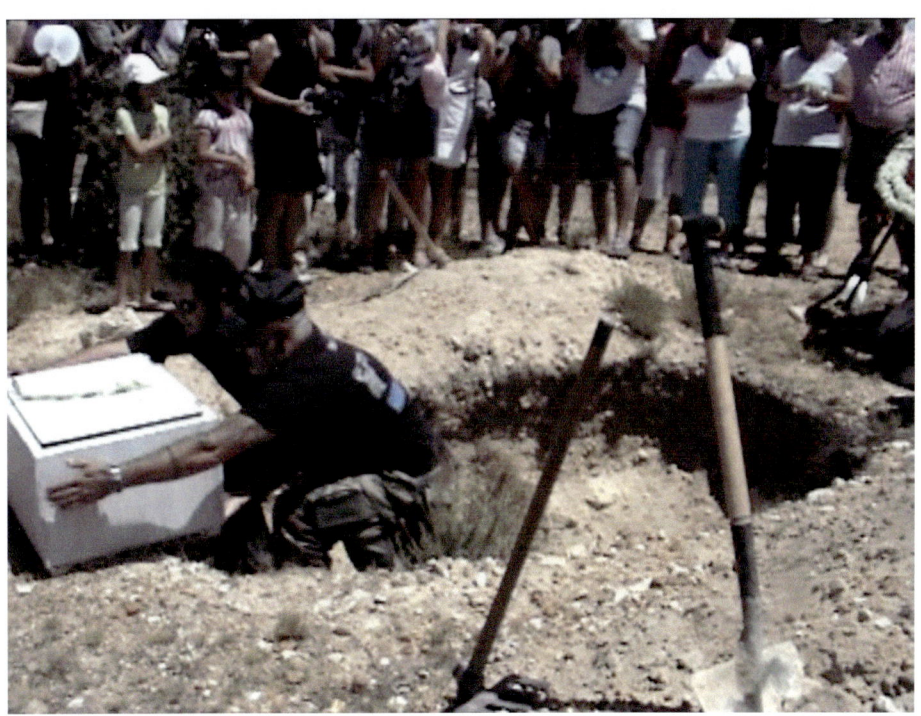

# N.º 25

Fecha del enterramiento:
**5 de enero 2012**
Artistas: **Poetas cuencanos (Ecuador)**
**Galo Torres, Cristóbal Zapata, Carlos Vásconez, Pedro López, Lanner Díaz y José Corral**
Obras:
**Enterraron objetos diversos pertenecientes a cada uno de ellos**
Epitafio:
**Gracias. Qué grandes estamos hoy**

### CRISTÓBAL ZAPATA, Cuenca, 1968

Poeta, crítico literario y de arte. Dirigió varios talleres de literatura en su ciudad y en Quito. En 1997 fue designado Coordinador General de la VI Bienal de Pintura de Cuenca. Artículos suyos sobre arte contemporáneo y literatura han aparecido en importantes revistas nacionales.

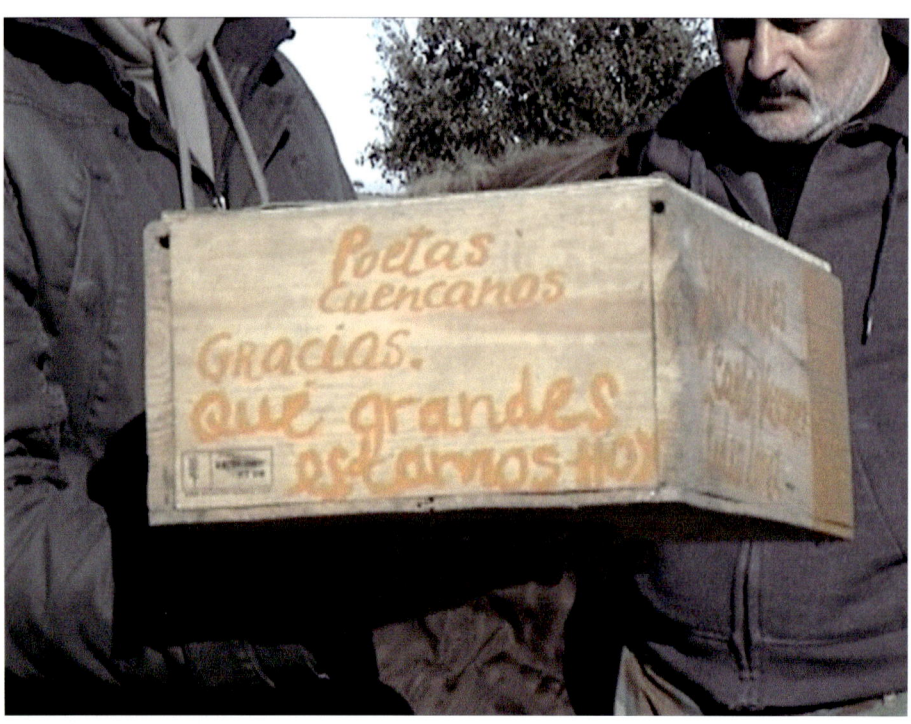

## GALO TORRES, Cuenca 1962

Poeta y traductor. Formó parte del Taller de Literatura del Banco Central, Sucursal Cuenca. Ha traducido del francés al español *Elogio de la nada* del poeta Christian Bobin; el ensayo *Francis Bacon*, de Gilles Deleuze, y *Cuadernos de Saorge* del poeta francés Charles Juliet. En 1996 obtuvo Mención Única en el Segundo Concurso Nacional de Poesía César Dávila Andrade. Textos suyos se han publicado en las revistas *Eskeletra*, *Cuaderna vía* y *Línea imaginaria*. A partir de 1988 mantiene una columna de crítica de cine en el diario *El Mercurio* de su ciudad natal.

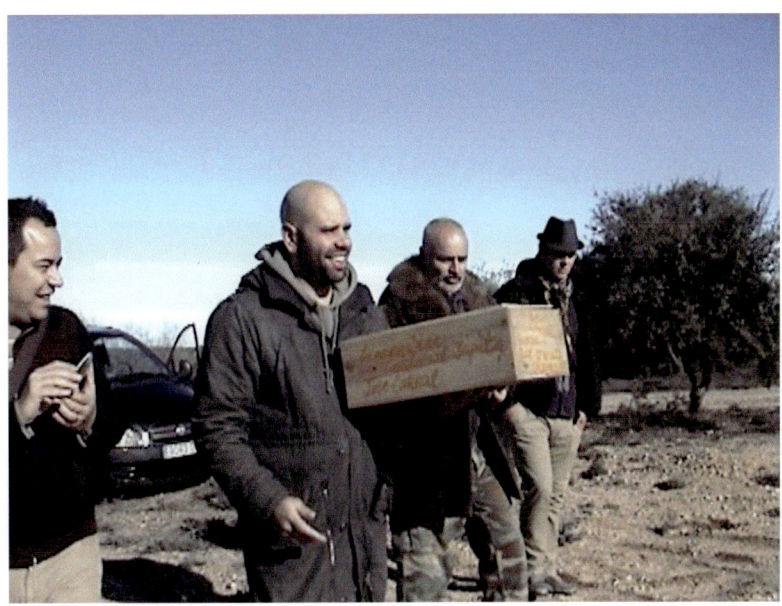

## CARLOS VÁSCONEZ, Cuenca 1977

Es escritor, profesor, poeta y literato. Fue presidente de la Casa de la Cultura azuaya entre noviembre de 2011 y enero de 2016. Actualmente es profesor en el colegio «Las Pencas», de Cuenca, y en la Escuela de Lengua y Literatura, de la Universidad de Cuenca.

Entre sus obras más destacadas están: «Donde mejor estuvieron los zapatos», «Mención a un extraviado», «Los inventos del reo», «El violín de Ingres», «Versiones heroicas», «Trabajos de dominio público», «La raza extinta», «Los días a tu nombre» y «Lo que los ciegos ven», además de dos libros publicados entre escritores noveles cuencanos.

## LANNER DÍAZ

Lanner Díaz (1966) es un artista visual natural de La Habana (Cuba). Desde 1997 reside en Cuenca, ciudad ecuatoriana, donde se graduó en Arte y Diseño por la Universidad Técnica Particular de Loja en 2010.

La trayectoria artística de Díaz le ha llevado a destacar a nivel nacional e internacional, a través de numerosas exposiciones colectivas e individuales, y premios. Entre ellos, destacan el VII y VIII Salón de Junio «Musa Paradisiaca» (2016 - 2017), donde obtuvo la «Mención de Honor» en 2017.

Mediante su dominio de técnicas mixtas, crea obras que invitan a la reflexión sobre temas como la memoria o la identidad humana.

# N.º 26

Fecha del enterramiento:
## 25 de febrero 2012
Artista:
## ORSON SAN PEDRO
Obra:
## ENTERRAMIENTO DE UN PENDRIVE CON DIFERENTES OBRAS DEL ARTISTA
Epitafio:
## ¡Me los como a todos!

## BIOGRAFÍA

**Benjamín Rodríguez Solares**, conocido popularmente como Orson San Pedro (Gijón, Asturias, 1982-Madrid 2010).

Cursó Bellas Artes en Madrid, tras lo cual expuso por vez primera en su ciudad natal su obra pictórica: Museo del Ferrocarril, Museo Barjoa, Galería Altamira…

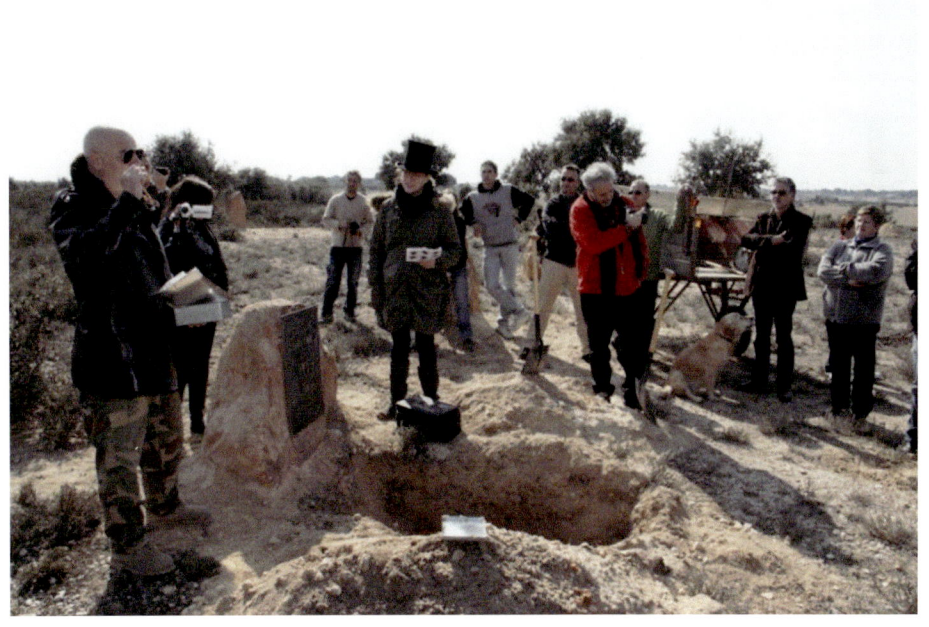

Galardonado en 2007 por la Consejería de Cultura del Principado de Asturias con el premio «Astragal», integrado en el programa «Culturaquí» de dicho año, este artista intervino en la obra «TalkingwithOrson San Pedro» y en la exposición colectiva titulada «Arenas movedizas», organizada por el área de Cultura del Antiguo Instituto de Gijón.

Con su fallecimiento, acaecido en Madrid el 13 de enero de 2010, a los 27 años de edad, se truncaba la prometedora carrera de Rodríguez Solares, muy conocido en el ambiente artístico de Gijón, que no pudo ver hecho realidad «Vigorexy», un proyecto becado por el Teatro Laboral en el año 2009, con el que pretendía transformar su cuerpo en el de un culturista, ni tampoco participar en una exposición sobre inmigración, subvencionada por el Ministerio de Asuntos Exteriores español, que se inauguraría el 5 de febrero de 2010.

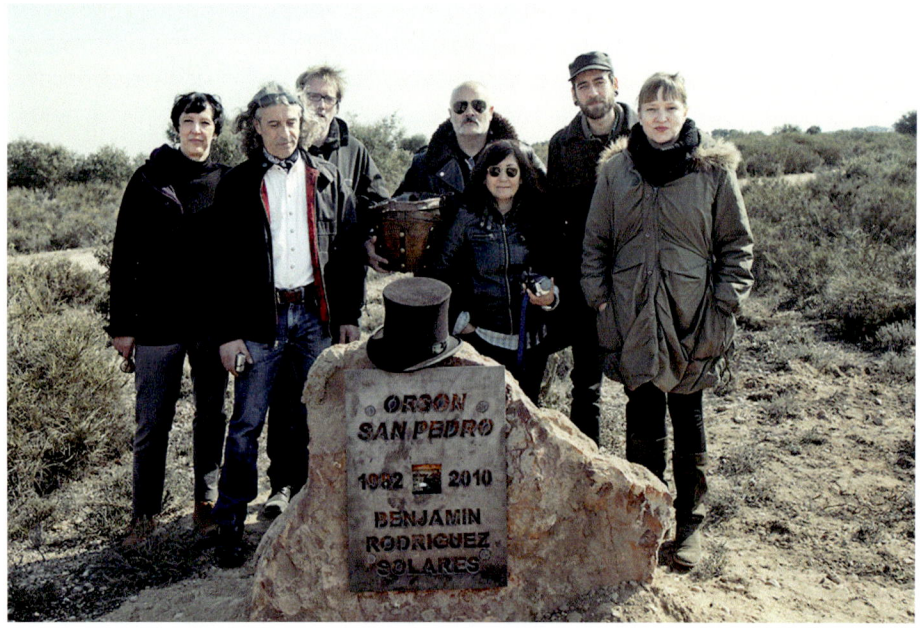

# N.º 27

Fecha del enterramiento:
**24 de marzo 2012**
Artista:
**MIGUEL HERBERG**
Obra:
**DOCUMENTACIÓN GRABADA ENTRE 1973-1974 EN CHILE, DESPUÉS DEL GOLPE DE ESTADO DE SEPTIEMBRE DE 1973**
Epitafio:
**«ELLOS TIENEN LA FUERZA PERO NO LA RAZON»**
(Salvador Allende 11/9/1973)

AQUÍ YACE ENTERRADA LA MEMORIA DE CENTENARES DE PRISIONEROS CHILENOS DE LOS CAMPOS DE CONCENTRACION DEL DESIERTO DE ATACAMA YA QUE INSTITUCIONES Y ENTES PUBLICOS HAN DEMOSTRADO SU TOTAL DESINTERES Y FALTA DE RESPETO POR LA MISMA. ESTA MEMORIA HISTORICA ESTA COMPUESTA POR LOS DOCUMENTOS ORIGINALES FILMICOS, FOTOGRAFICOS Y ESCRITOS DE MIGUEL HERBERG REALIZADOS EN CHILE ENTRE LOS AÑOS 1972 y 1974 BURLANDO TODOS LOS CONTROLES FASCISTAS Y QUE SIRVIERON PARA LIBERAR A CENTENARES DE PRISIONEROS COMO TESTIMONIA EL TRIBUNAL BERTRAND RUSSEL II.

¡O J O!
ATENCION PROFANADORES
ESTA TUMBA CONTIENE LOS ORIGINALES DE MIGUEL HERBERG Y LAS CENIZAS DE LA QUEMA DE LOS DUPLICADOS. ESTA CUSTODIADA POR UNA BOMBA. SOLO PUEDE SER DESACTIVADA POR LOS DOCE APOSTOLES DEL OLVIDO QUE GUARDAN LA COMBINACION.

¡ NO TOCAR !

BIOGRAFÍA

**Miguel Herberg** (Gijón, 1943) es un guionista, cineasta y periodista español. Tras haber estudiado Cinematografía y Fotografía en Madrid, de la mano de Pedro Mario Herrero, trabajó como fotógrafo y asistente de dirección en Hollywood, cuando solo contaba con 19 años. A partir de 1964, se trasladó a París, donde durante los siguientes cinco años amplió sus conocimientos académicos en torno a la cultura audiovisual, en el IDEC (*Hautes études cinématographiques*). También se introdujo en el ámbito de las letras, al cursar la carrera de Filosofía y Letras en La Sorbona. Durante esta época, trabajó para la conocida emisora oficial del estado francés, la *Office de Radiodiffusion Télévision Française* (ORTF). Y, además, rodó su primera película, *In vino veritas*, una representación de tintes surrealistas del manifiesto comunista de Marx.

En 1969 volvió a emigrar y esta vez se instaló en Roma. En tierras italianas, destaca su trabajo junto a Roberto Rossellini, su contribución a la RAI (televisión nacional italiana) y su dedicación como fotógrafo para la agencia *Gamma Presse Images*. Su estancia en Roma finalizó en el 2000, cuando se instaló en China, para centrar sus esfuerzos en el ámbito de la animación.

La personalidad cosmopolita de Herberg le ha llevado a viajar por todo el mundo y a interesarse por los problemas políticos y sociales de algunos países, en especial de Chile, cuestiones que ha reflejado en sus obras, aportando su destacado compromiso ideológico y humano y su peculiar visión artística.

El proceso judicial incoado a Pinochet reabrió las viejas heridas, nunca cerradas totalmente, que fueron infligidas a una gran parte de la población chilena.

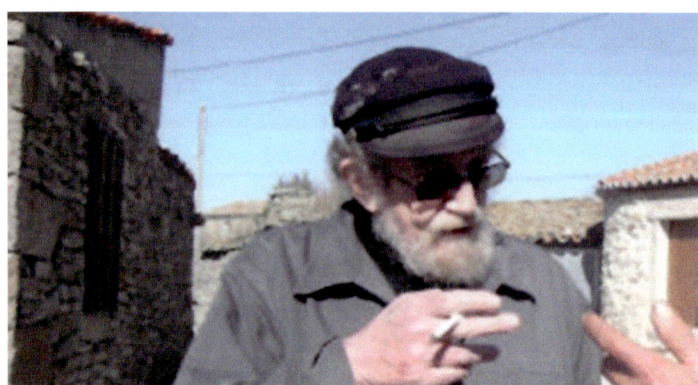

A los pocos meses del golpe de Estado triunfante de Pinochet y sus secuaces, Miguel Herberg, utilizando unas vías que hoy nos parecen increíbles, lograba realizar con grave riesgo de su vida un reportaje filmado de los –para el régimen militar inexistentes– campos de prisioneros de Chacabuco y Pisagua. Gracias a este reportaje filmado, dado a conocer al mundo tras su salida espectacular de Chile, el gijonés Miguel Herberg dio rostro a los desaparecidos y salvó innumerables vidas que de otro modo hubieran desaparecido definitivamente.

Tras la edición del vídeo donde se recoge este reportaje, se publica ahora una amplia colección de fotografías que complementan y completan el reportaje gráfico.

A pesar de la importancia que tuvo en su momento, no pudo publicarse en España por causa de la dictadura y posteriormente se fue demorando su publicación. Y aunque en la actualidad ha perdido parte de su importancia como denuncia de la barbarie represiva de los militares golpistas chilenos, conserva en su totalidad su riqueza como documento histórico de aquel proceso bárbaro.

El cineasta y periodista gijonés, célebre por las filmaciones y entrevistas que realizó antes y después del golpe de estado dirigido por Pinochet en Chile, en 1973, y que sirvieron para la liberación de más de 800 presos, fue entrevistado por Tmex.es, con motivo de la presentación de la nueva edición de su libro, *Diario de un anarquista infiltrado en las filas de Pinochet 1972/74*. El libro viene acompañado del documental realizado por Saúl Valverde, «Extraña forma de vida», un film que es una retrospectiva de la experiencia de Herberg en Chile en los campos de prisioneros del desierto de Atacama, que ya en su día quedo plasmado en el documental «Chile 73», y un resumen de lo vivido por más de 40 personas, las que participaron junto al cineasta, en Morille, España, en la quema de algunos de esos documentos audiovisuales precisamente.

Herberg fue a Chile en 2011 buscando financiación para realizar un documental con las filmaciones y entrevistas que habría hecho 36 años después de la liberación de presos. Tras no encontrar apoyo de ninguna fundación, ni en España, ni en Chile, decidió quemar algunos registros, como un acto de protesta por el olvido en que caen las víctimas de las dictaduras.

La historia que cuenta el director de cine y periodista Miguel Herberg en *Diario de un anarquista infiltrado en las filas de Pinochet 1972/74*, parte de 1972, cuando se infiltró en la extrema derecha chilena como periodista de un canal de televisión europeo inexistente y, ganándose la confianza de los golpistas, consiguió inmortalizar en película a un importante número de los responsables del golpe de Estado liderado por el general Pinochet .

Miguel se introdujo en la alta sociedad golpista y fue tejiendo su tela de araña de relaciones personales para conseguir entrevistas y permisos hasta llegar a los campos de concentración, donde entrevistaría a los presos de Pisagua y Chacabuco, cuya existencia se negaba y donde permanecía internado, entre otros, el médico de Allende, Danilo Bartulín. El general Joaquín Lagos cayó en la trampa y puso a disposición de Herberg su propio helicóptero para entrar en los campos. «Lo mío era preguntar cómo te llamas… como te llamas, y así uno detrás de otro. Con estas entrevistas no podían mantener que estaban desaparecidos, y los prisioneros a los que grabé fueron liberados».

30.000 asesinatos, 200.000 familiares afectados, torturas, prohibiciones y cárcel a todo aquel que no comulgara con los principios de la Junta Militar. Fue arrestada muchísima población que después llevaron a los campos de concentración.

Gracias a esta acción de poner nombre y rostro a los desaparecidos el Gobierno de Pinochet tuvo que reconocer la existencia de los campos.

El objetivo del trabajo de Herberg consistió en anunciar el golpe, documentar su preparación, y más tarde denunciar la represión.

Miguel Herberg con *Diario de un anarquista infiltrado en las filas de Pinochet 1972/74* revela la verdad de cómo se realizaron los documentos audiovisuales y escritos que sirvieron para salvar muchas vidas humanas.

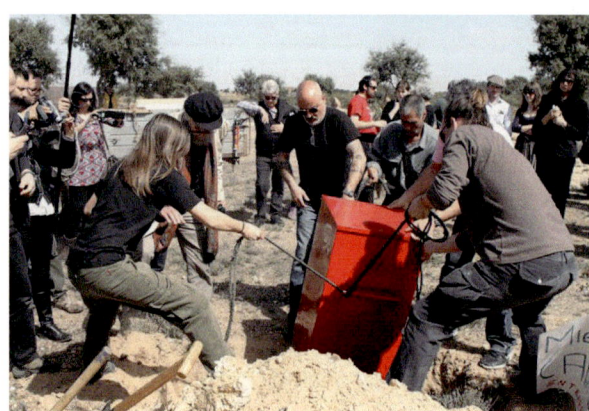

La noche anterior al enterramiento, en la plaza de Morille, se encendió una hoguera sobre cuyas llamas y humo se proyectaron los rostros de muchos de los desaparecidos.

# N.º 28

Fecha del enterramiento:
## 6 de mayo 2012
Artista:
## VICENTE DEL BOSQUE
Obra:
Objetos enterrados:
## UNA CAMISETA DE LA SELECCIÓN ESPAÑOLA DE FÚTBOL Y UN BALÓN CEDIDO POR ADIDAS
Epitafio:
## «CUERPOS PERFECTOS» VICENTE DEL BOSQUE
## 6-05-2012

### BIOGRAFÍA

**Vicente del Bosque González**, I marqués de Del Bosque, es un entrenador y exfutbolista español. Desde el 17 de julio de 2008 hasta el 4 de julio de 2016 fue el seleccionador nacional de fútbol de España.

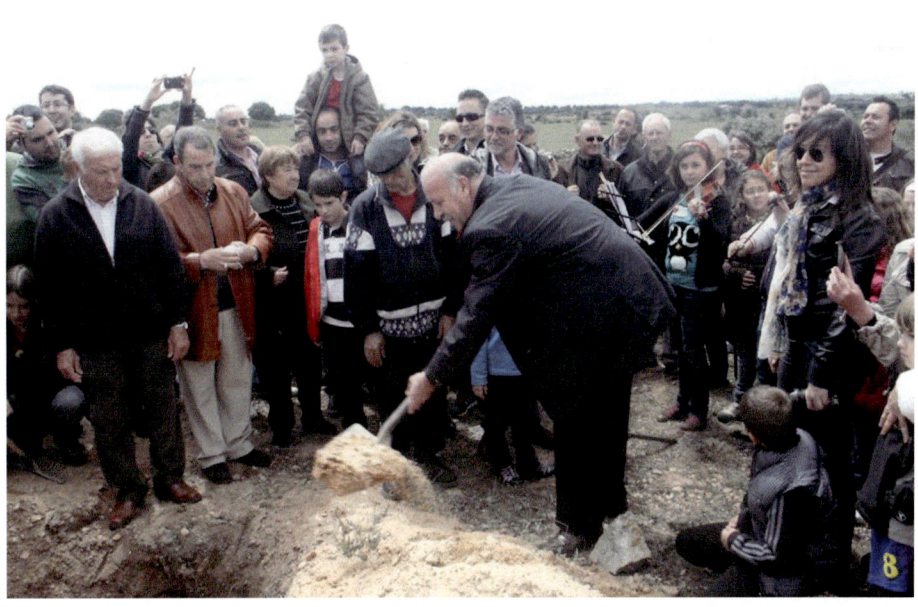

Vicente del Bosque González nació el 23 de diciembre de 1950, en Salamanca. Es un reconocido exfutbolista y entrenador de temperamento tranquilo y diplomático. En su amplia trayectoria profesional abundan diferentes logros y premios en el ámbito futbolístico, tanto en el campo de juego como desde el banquillo.

Siendo jugador ocupó la posición de centrocampista y destacó por su visión de juego y su capacidad táctica. Comenzó su carrera en el fútbol nacional jugando para el Club Deportivo Salmantino (filial de la Unión Deportiva Salamanca) en 1968. Dos años después, fue fichado por el Real Madrid, donde jugó para su filial, el Plus Ultra. Durante esta época, fue cedido un año al Córdoba y otros dos, al Castellón. No obstante, tras esto se mantuvo definitivamente en el Real Madrid hasta 1984, época durante la que ganó cinco títulos de la Liga y cuatro Copas del Rey. Debido a su dedicación y talento, se consolidó como uno de los centrocampistas más sólidos de su época.

Tras colgar las botas, Del Bosque dirigió su carrera profesional hacia la dirección técnica. A partir de 1987, se inició como entrenador y asistente técnico en las categorías inferiores del Real Madrid. Posteriormente, en 1999, comenzó a entrenar al primer equipo del club blanco, hasta 2003. Bajo su dirección, el Real Madrid vivió una de sus épocas doradas: ganaron dos Ligas de Campeones de la UEFA (2000 y 2002), dos Ligas españolas (2001 y 2003), una Supercopa de España, otra de Europa y una Copa Intercontinental.

Cinco años después, en 2008, Vicente del Bosque asumió el cargo de seleccionador nacional de España. Bajo su mando, España alcanzó su mayor esplendor futbolístico: ganaron la Copa del Mundo en 2010 (Sudáfrica) y la Eurocopa de 2012. Esto significó que la selección española de la época se consolidase como una de las mejores de la historia. Tras la Eurocopa de 2016, Del Bosque se retiró como seleccionador, dejando a su paso un legado imborrable.

Su contribución al fútbol español y su impacto en el deporte mundial propiciaron que ganase numerosos premios, como, por ejemplo, el Premio Príncipe de Asturias de los Deportes en 2010 o el reconocimiento como «Mejor Entrenador del Mundo» en 2012 por la FIFA. Su trabajo y dedicación han dejado una importante marca en la historia del fútbol, por lo que se le considera una de las figuras más respetadas y queridas de este deporte.

En el Cementerio de Arte de Morille, en un acto multitudinario, Del Bosque enterró una camiseta perteneciente al equipamiento del Mundial de 2010 y un balón oficial de dicho campeonato. Durante su estancia en Morille, pueblo al que acude con cierta regularidad, dio repetidas muestras de la humildad, generosidad y bonhomía que le caracterizan.

# N.º 29

Fecha del enterramiento:
### 30 de junio 2012
Artista:
### JOSÉ ANTONIO SAYAGUÉS
Objeto enterado:
### LOS CAPÍTULOS DE LA 1.ª TEMPORADA COMPLETA DE LA SERIE «AMAR EN TIEMPOS REVUELTOS»
Epitafio:
### «Y LAS CENIZAS SE VOLVIERON MARIPOSAS»

BIOGRAFÍA

**José Antonio Sayagués** (Salamanca, 31 de julio de 1952) es un actor y director de teatro español.

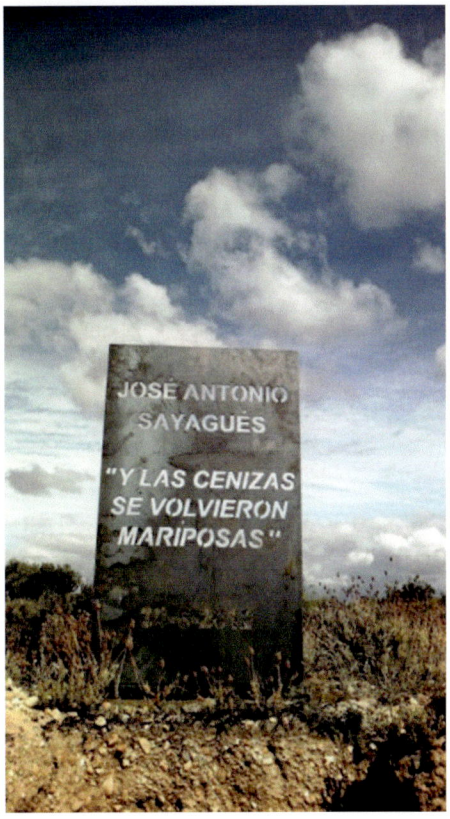

Su trayectoria artística es muy amplia. Comienza en 1972 como alumno de la Cátedra Juan del Enzina de la Universidad de Salamanca, dirigida entonces por el dramaturgo José María Martín Recuerda. Compagina sus estudios con el trabajo en la ciudad y las clases nocturnas. En 1975 funda el grupo de teatro Garufa, que años más tarde, convertido en compañía, pervivirá durante treinta años. En todo este tiempo Sayagués ha dirigido e interpretado más de 25 montajes, que ha paseado por Salamanca, Castilla y León y otras muchas ciudades españolas. Entre sus maestros podemos citar nombres tan conocidos como Adolfo Marsillach, José Gabriel Antuñano, Helena Pimenta, el director polaco Kristyan Lupa, Anatoly Vasiliev, director y fundador de la Escuela de Arte dramático de Moscú, el actor y director polaco Jaroslaw Bielski, José Carlos Plaza, José Sanchis Sinisterra, Jesús Cracio, Juan Antonio Hormigón, Carlos Vides, Luis de Tavira y el director de escena estonio, Lembit Peterson.

Sus primeras intervenciones en el cine fueron posibles gracias al director salmantino Chema de la Peña, trabajando después con Pilar Miró, Eduardo Casanova, y Alberto Bodega, entre otros. El reconocimiento entre el público nacional le llegó con el personaje de Pelayo Gómez en la serie *Amar en tiempos revueltos*, con el que continúa actualmente en la secuela Amar es para siempre.

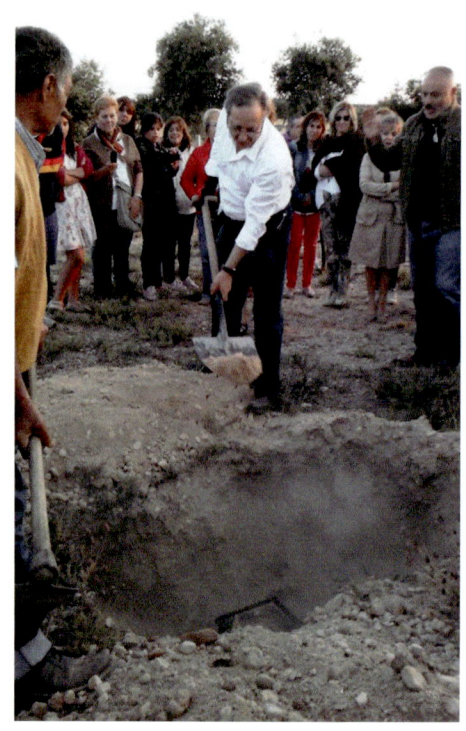

También se ha publicado un libro titulado *Los dichos de Pelayo*, que hace referencia a dichos populares o de la infancia del actor, además de palabras (como «Mamerto», que le dice a Marcelino Gómez), así como imágenes con los actores de *Amar es para siempre*. Este libro es una recopilación de frases y palabras dichas en el «Bar el Asturiano».

# N.º 30

Fecha del enterramiento:
## 15 de julio 2012
Artista:
## ARTURO CARICEO
Obra:
Objeto enterrado: UNA CARTA (de la madre del artista dirigida a él cuando murió, tenía 6 años y la encontró a los 16, la ha llevado encima hasta el día que la enterró. Pasó él solo la noche en el Cementerio cavando la fosa, enterrando y cerrando la tumba)
Epitafio:
## «ARTE O MUERTE»

BIOGRAFÍA

**Arturo Cariceo** (Santiago de Chile,1968) es un pintor chileno, académico de la Facultad de Artes de la Universidad de Chile.

Realizó sus estudios artísticos de pre y postgrado en la Universidad de Chile. El área de investigación y creación que desarrolla es la noción de comparecencia de obra, realizando trabajos experimentales que ha denominado *Obras Invisibles*.

Sus inicios artísticos están vinculados con la pintura, la poesía visual y el arte sonoro. En 1987 funda el proyecto colaborativo y cooperativo Loyola Records, influido por ideas neodadaístas y post-situacionistas.

Hasta 1993, realizó exposiciones donde desmonta el contexto de una obra exhibida, el ritual social de la inauguración, la documentación y difusión de la muestra hasta la mercantilización de lo exhibido. Etapa que culmina con exposiciones por fax y contestador automático, exploraciones artísticas que lograron continuidad con la aparición de Internet.

En el ámbito académico, ha promovido la práctica del arte sonoro, la performance, la animación y el net.art. Crea el Laboratorio Multimedial, la plataforma electrónica de la Facultad de Artes de la Universidad de Chile y los proyectos institucionales Arte Sonoro (2005), Museo Multimedial (2006) y Revista Electrónica de Artes (2006). Tras ser distinguido por su labor docente, inicia el proyecto «Cátedra Domingo Sánchez Blanco».

Ha realizado investigaciones sobre la situación del arte chileno durante las reformas universitarias y la relación entre las artes, las ciencias y la tecnología. El tono general de la obra de Cariceo es el de un artista que muestra un programado distanciamiento ante el circuito artístico, parodiando las interconexiones de la economía y la política con la cultura mediante estrategias artísticas de orientación procesual.

Sus textos giran en torno a temas como la tecnología y el existencialismo urbano, intentando dar cuenta mediante ellos sobre la paradoja de vivir en país que no tiene importancia alguna en la Historia del Arte y que tampoco dispone, para los interesados en el arte y el público en general, de acceso a colecciones relevantes que expliquen el juego del arte, a diferencia de galerías y museos de otros países latinoamericanos. Arturo Cariceo es discípulo directo de renombrados artistas de la vanguardia chilena de la segunda mitad del siglo veinte.

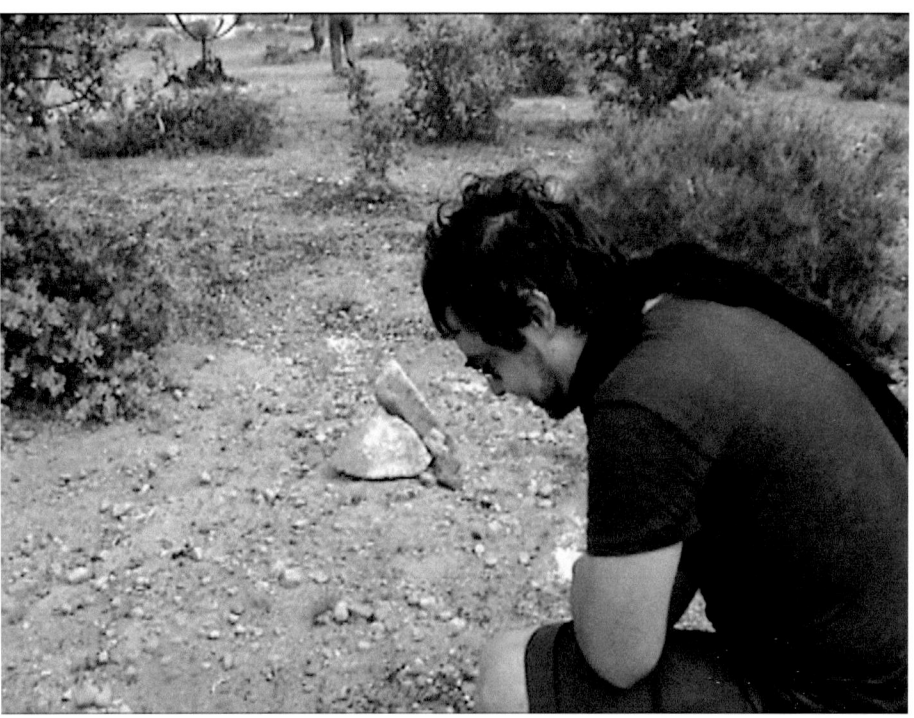

# N.º 31

Fecha del enterramiento:
## 14 de octubre 2012
Artistas: **MARÍA ARAUND/ CHATARRERO ANXO**
Obra:
## ATAÚD CON ALTAVOCES DE 2000 WATIOS DE POTENCIA
Epitafio:
## «Se recoge chatarra. Total seriedad»

Se recoge todo tipo de residuo metálico, baterías viejas, electrodomésticos y mobiliario metálico, bicicletas viejas, plomo, grifos, lámparas, aluminio, cable, ciclomotores… Los beneficios serán destinados a la maravillosa gira europea en coche fúnebre, sobre todo la gasolina y la puesta a punto del coche, un 131 del 1981 que tendrá que hacer sobre 8000 km (más información en *www.santisimavirgenmaria.com*). Las zonas de recogida serán provincias de Salamanca, Lugo y Ourense, Santiago de Compostela, Ponferrada, posibilidad de recogida en zonas más apartadas si hay bastantes kilogramos y si tu prima de Eslovaquia tiene cobre se lo recogemos también. En zonas de la gira recogemos baterías, cobre, plomo, grifos, comida, cheques, dinero y enseres de este tipo. Por un mundo más cutre y menos aburrido Reciclo el ciclo & Santísima asociados.

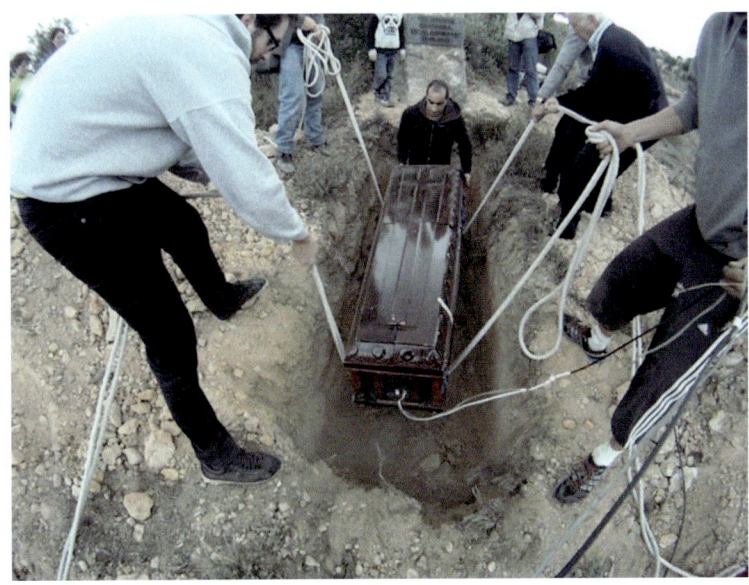

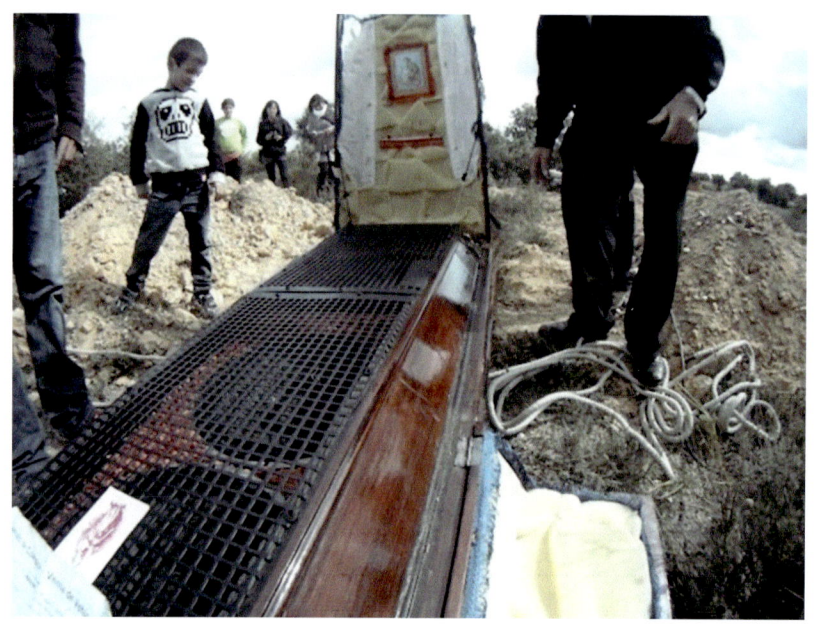

# N.º 32

Fecha del enterramiento:
## 27 de marzo 2013
Artista:
## EDURNE GONZÁLEZ IBÁÑEZ
Obra:
## Objeto enterrado: SU TESIS DOCTORAL

BIOGRAFÍA

Artista e investigadora nacida en Sestao en 1980, es Doctora Cum Laude por la Universidad del País Vasco – Euskal Herriko Unibertsitatea en 2013, en donde actualmente realiza labores como docente e investigadora.

Sus últimos proyectos realizados a lo largo de 2016 son la instalación «Línea de referencia en sustitución de la tangente inferior», dentro de las Jornadas de Puertas Abiertas de la Fundación Bilbaoarte, proyecto realizado con una beca de producción otorgada por el centro.

La intervención urbana «Agitando las aguas», seleccionada y financiada por el Festival Kaldarte en Caldas de Reis.

La propuesta instalativa «Doble Derrumbe», en el espacio CASYC_UP de Caja Cantabria en Santander.

Y la intervención titulada «En suspensión» para CasaGalería en México DF, subvencionada con la Beca de Difusión Cultural del Instituto Etxepare.

En 2015 fue galardona con el Primer Premio de Fotografía en el Certamen Nacional de Arte Pancho Cossío, por su intenso recorrido como artista emergente, específicamente con propuestas vinculadas a la fotografía.

Ha participado en diversos congresos y conferencias vinculadas a la práctica artística contemporánea y en numerosas exposiciones colectivas e individuales que conforman su trayectoria profesional. Entre ellas destacan las realizadas en espacios tales como: Sala Rekalde de Bilbao, Centro Casyc de Santander, Museo de Arte Moderno CAAM de Las Palmas de Gran Canaria, Espacio Pensart de Madrid, Centro Cantieri Culturali alla Zisa de Palermo, Casa de Estudios Vascos de la Universidad de Frankfurt, Museo de Arte Antonio Paredes Candia de La Paz, Galería EGGB y el Instituto Cervantes de Beijing.

Su práctica artística desata y pone en tensión cuestiones que nos permiten reflexionar sobre aspectos vinculados a la construcción cultural en los que se cimientan los modos de abordar diversos aspectos del territorio, la identidad y la realidad contemporánea.

La metodología desde la que opera consiste en una búsqueda constante de elementos que habitualmente pasan desapercibidos ante nuestra mirada, pero que al extraerlos de su contexto y volver a ser reinterpretados, permiten un reconocimiento de ciertas estructuras a partir de las cuales cuestionar el marco al que se circunscriben.

A partir de estrategias vinculadas a los mecanismos propios de los medios audiovisuales y la experimentación con los mismos, genera propuestas que requieren del espectador un cuestionamiento de su propia vivencia, propiciando de esta manera puntos de contacto entre diversas perspectivas.

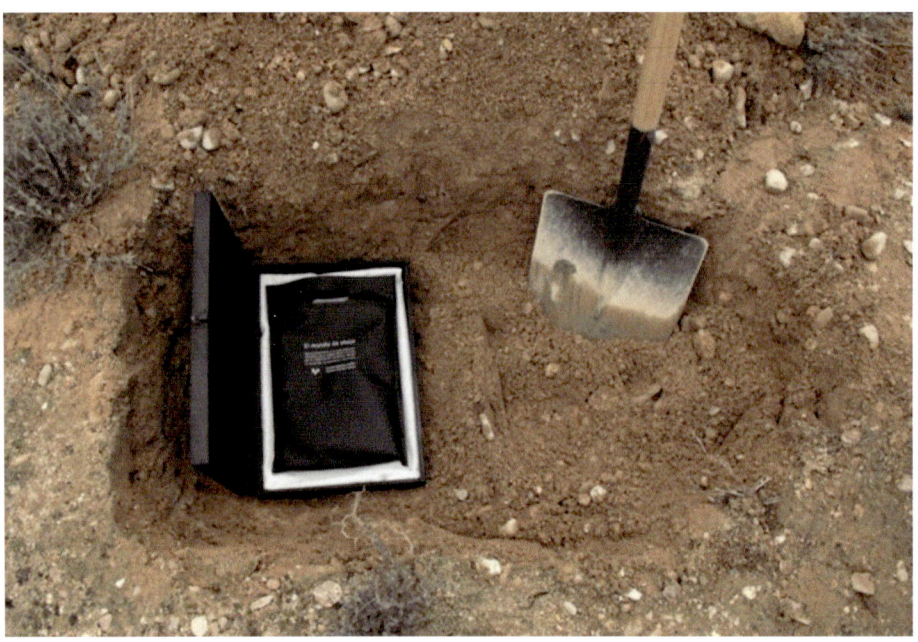

# N.º 33

Fecha del enterramiento:
**5 de agosto 2013**
**VECINOS DE MORILLE**
**LA MEMORIA DE MORILLE 1936**
Obra:
Objetos enterrados: **diferentes recuerdos**
**del 36 de los mayores de Morille**
Epitafio:
**vecin@s de Morille**
**«La memoria de Morille 1936»**

Por su propia naturaleza, el Cementerio de Arte de Morille tiene un carácter plural y diverso: algunos proyectos surgen de la iniciativa particular de los artistas y otros de un sentimiento o de un impulso colectivos, como en este caso; del mismo modo, ciertas acciones nacen en el ámbito «exclusivo» o «selecto» de los creadores individuales y otras lo hacen en el campo de lo popular y anónimo; algunas se definen por su carácter trágico y otras por su naturaleza lúdica; unas por su trascendencia y otras por su deliberada (y no menos permanente) fugacidad…

Con «La memoria de Morille» se trataba de registrar de manera simbólica lo que significó, en múltiples planos, una generación crucial en la historia de España y, como es natural, en la del propio municipio: en efecto, el grupo de vecinos que participó en el enterramiento había nacido en 1936 o (en algún caso) en años contiguos. Vivieron en su infancia la inmediata Posguerra y protagonizaron y fueron testigos de excepción de la profunda transformación que experimentó nuestro país desde aquella época hasta la de ahora.

En la fecha del enterramiento (5 de agosto de 2013) estos vecinos morillejos estaban muy cerca de cumplir los ochenta años, no pocos de sus compañeros de infancia habían fallecido, algunos padecían las dolencias propias de la edad… El proyecto tuvo, en este sentido, un marcado carácter de homenaje a todos ellos, pues teníamos la certeza de que con ellos desaparecerían (están desapareciendo de hecho) no sólo unos usos, unas costumbres, una cierta cultura, sino también (y acaso esto es más importante incluso que lo anterior) un modo peculiar de entender las relaciones humanas en el que primaba la búsqueda del bien común, la colaboración en definitiva, antes que la del beneficio individualista.

Cada una de las personas participantes incluyó en el contenedor que iba a ser enterrado algún objeto que, por lo que fuera, de una manera enteramente libre y subjetiva, representaba para ella su recuerdo de aquellos años. Paradójicamente, al enterrar esa memoria, la preservábamos para el futuro…

No se trataba de vana melancolía, sino más bien de un gesto en el que primaba (acaso también de manera contradictoria) el carácter festivo: por eso se eligió para la iniciativa la fecha del 5 de agosto, en plenas fiestas patronales (El Salvador, Patrón de Morille, se celebra el 6 de agosto).

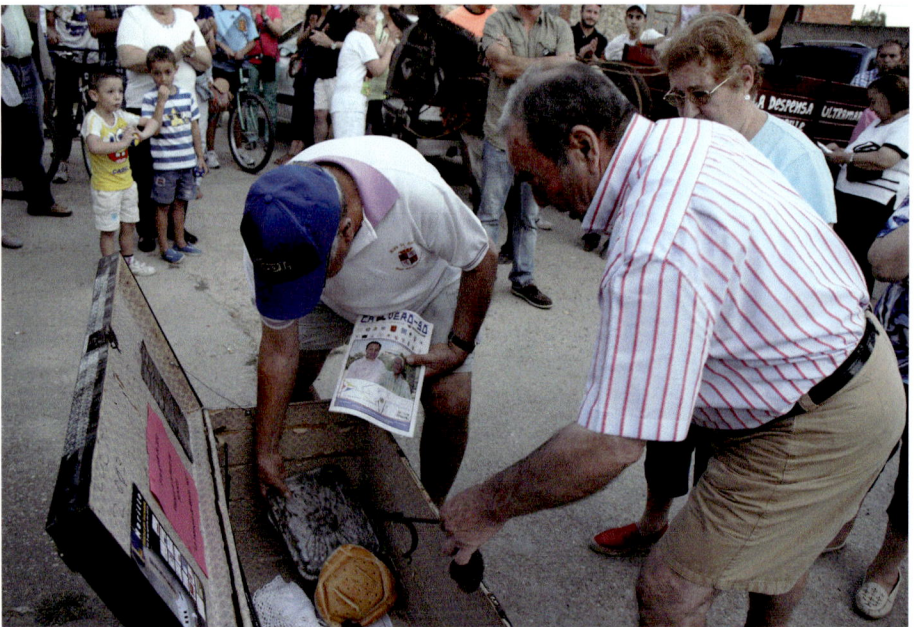

# N.° 34

Fecha del enterramiento:
## 11 de Mayo 2014
Artistas:
## UN GRUPO DE ATLETAS
Acción:
## CARRERA CAMPO A TRAVÉS, DE 25 KM, SALAMANCA-MORILLE
Objeto enterrado:
## EL ÚLTIMO SUSPIRO DESPUÉS DE LA CARRERA

Un grupo de atletas realizó una carrera desde Salamanca a Morille para enterrar en el Cementerio Mausoleo su último suspiro después de dicha carrera.

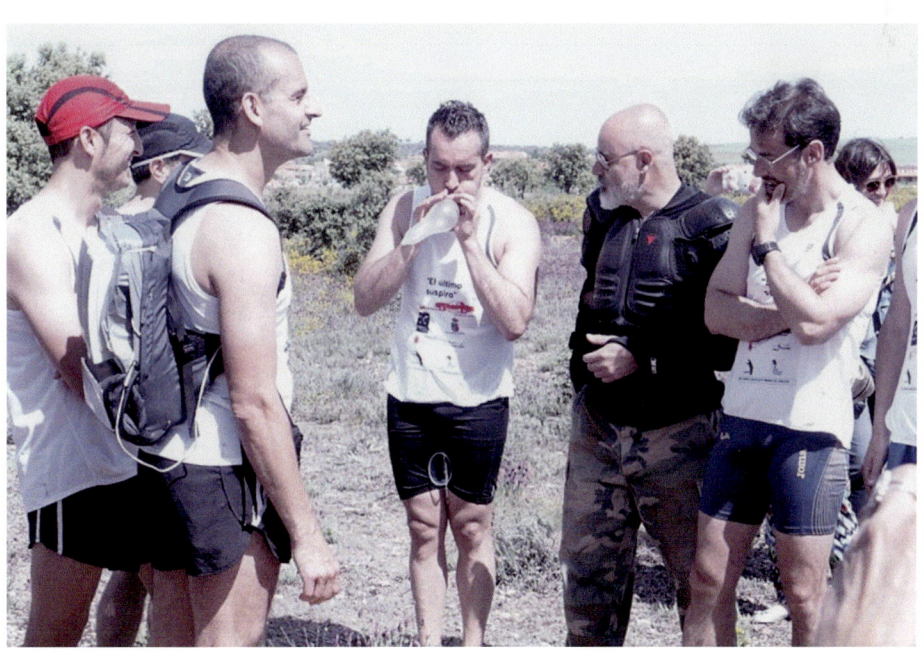

Los corredores participantes pertenecían al Centro de Investigación del Cáncer (CIC), adscrito al Consejo Superior de Investigaciones Científicas y a la Universidad de Salamanca.

La acción tuvo en su esencia y desarrollo un carácter comprometido y solidario, de llamada de atención sobre la necesidad de compromiso de instituciones y particulares sobre este tipo de estudios.

De hecho, el título de esta pieza, «El último suspiro», puede y acaso deba entenderse como la obligación de llevar el esfuerzo en tales investigaciones hasta el extremo.

Los atletas, en su mayoría investigadores del cáncer, como ya se ha dicho, lucían camisetas elaboradas al efecto con distintos patrocinios, cuyos logotipos precisamente flanqueaban el del citado CIC.

Durante todo el recorrido fueron acompañados por la música que hacía sonar en una mochila a la espalda uno de los participantes; se trataba concretamente de la ópera *L'elisir d'amore*, de Gaetano Donizetti, una de cuyas arias, muy conocida, «Una furtiva lágrima», de algún modo armonizaba con el mensaje de la iniciativa...

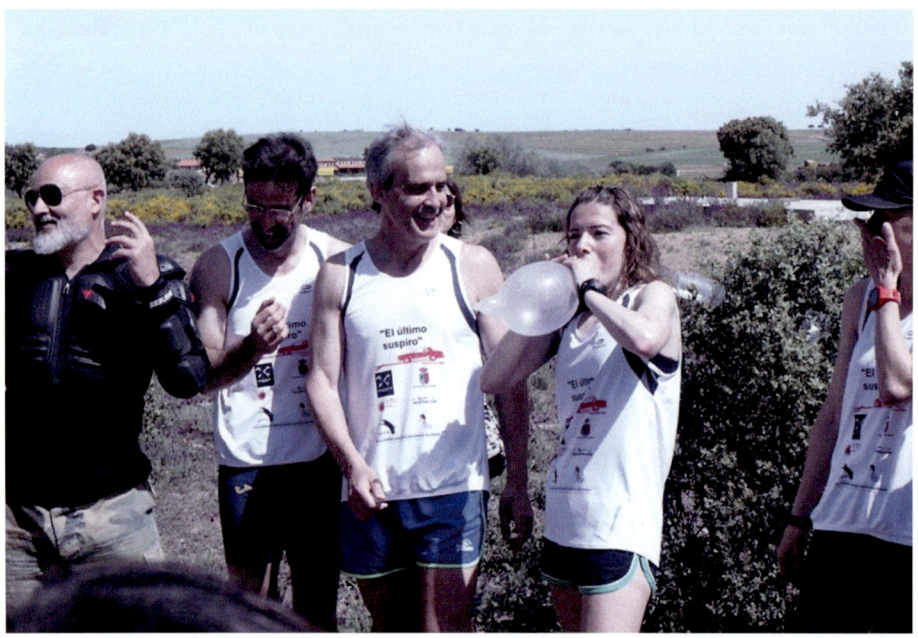

Al llegar al destino, cada uno de ellos fue soplando dentro de un globo para dejar allí su aliento tras el esfuerzo. Cuando todos lo hicieron, se enterró dicho globo

# N.º 35

Fecha del enterramiento:
## 14 de julio 2014
Artista:
## FRANCISCO ESCUDERO
Acción:
## RECORRIDO DESDE EL PUEBLO HASTA EL MUSEO-MAUSOLEO, REALIZANDO DIFERENTES ACCIONES CON UNA SILLA
Objeto enterrado:
## LA SILLA, DESPUÉS DE LA ACCIÓN

## BIOGRAFÍA

**Francisco Escudero** (Berja, Almería) es un artista visual. Estudió Historia del Arte en la Universidad de Granada. Desde pequeño se sintió atraído por la pintura abstracta. Durante su época de formación se especializó en cine, fotografía y arte contemporáneo, abriéndose a nuevos conceptos y formas de interpretar y entender el arte. Entre sus últimos trabajos destacan ACCIONES SOBRE SAL MARINA, un proyecto que se pudo visionar en la ciudad americana de San Francisco en Art 9TH (SF Open Studios), y que recoge los trabajos realizados tomando como fondo el Paraje Natural de Punta Entina-Sabinar en Roquetas de Mar.

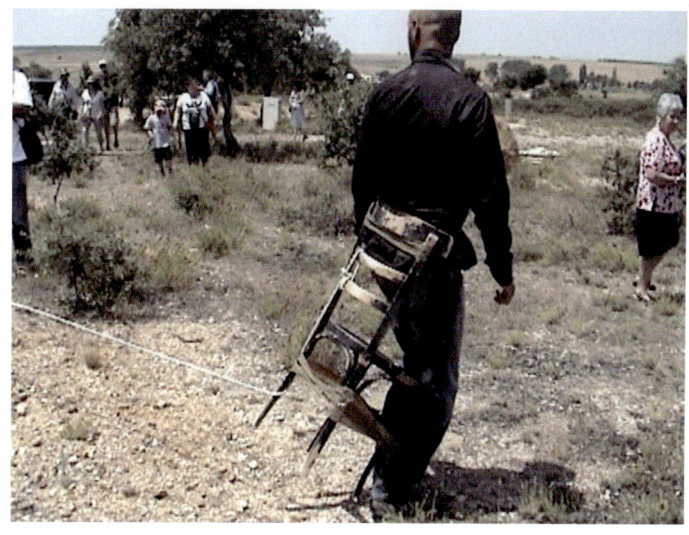

Según el propio artista: «El propósito del arte, en palabras de Joseph Beuys es hacer libre a la gente, por lo tanto, para él, el arte es la ciencia de la libertad». Le interesaba, primordialmente, la experiencia estética alcanzada a través del objeto artístico, para así conseguir una renovación civil: el espectador debía ser invadido por la curiosidad desbordada ante lo incomprensible.

# N.º 36

Fecha del enterramiento:
## 17 de julio 2014
Artista:
## PAULO RENATO FERREIRIM CARNEIRO
Obra:
## Objeto enterrado: UN AUTÓMATA,
## con acompañamiento de títeres
Epitafio:
## «Mano muerta»

Paulo Renato Ferreirim Carneiro, que, además de artista, es mecánico, conductor de camiones y de grúas, nació en Angola en 1967 y tuvo, como él mismo nos recuerda, una infancia muy feliz.

Y eso que en 1974 su familia, como muchas otras, tuvo que abandonar este país africano, con motivo de la guerra de descolonización, y establecerse en Portugal, concretamente en Pero Pinheiro (Sintra), una zona con notables canteras de piedra y de mármol. Este entorno y la curiosidad natural de Paulo le llevaron a interesarse por la escultura en distintos materiales, entre ellos el hierro. Estuvo ligado al Centro Internacional de Escultura, donde entró en contacto con artistas destacados como Marco Bras. En el curso de sus estudios de Ingeniería mecánica térmica, en Setúbal, conoció asimismo a Paula Frade, con la que llegó a realizar alguna pieza.

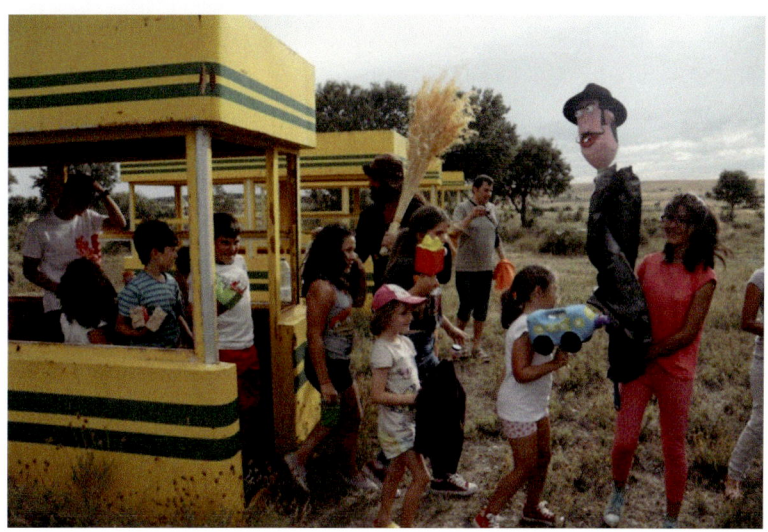

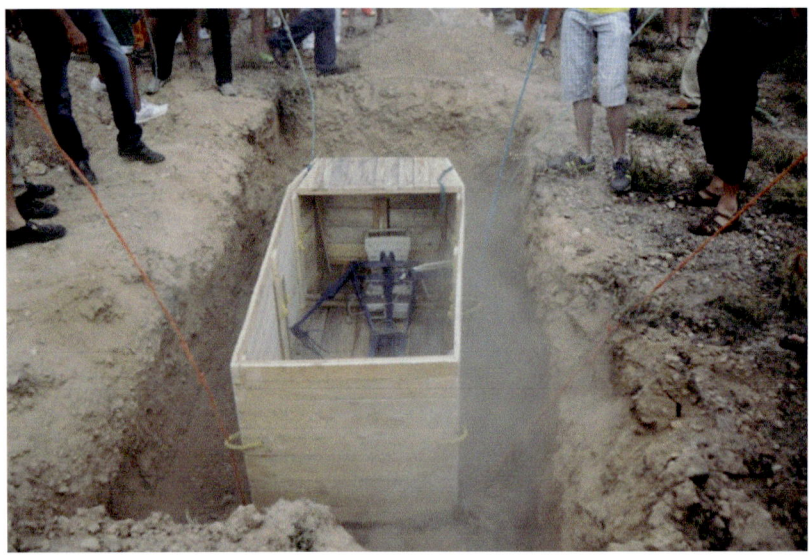

Corría el año 1994 cuando el Instituto Superior de Ingeniería de Lisboa convocó un concurso destinado a premiar obras de arte construidas a partir de ordenadores y otros materiales y dispositivos informáticos obsoletos. Paulo, nos cuenta, no lo dudó un segundo: se presentó en el almacén, se puso a trabajar en el proyecto y de ahí salió un autómata de dos metros, con cabeza de monitor,ordenador a la espalda y teclado en el antebrazo. La altura, sigue diciendo Paulo, daba sensación de poder y ¡hasta tenía una mano que se le movía!, por eso decidió llamarlo «Mano Muerta». Por desgracia, y a poco de convocarlo, el Intituto Superior dejó sin efecto el concurso, de modo que «Mano Muerta» se quedó compuesto en casa, a la espera de su destino.

Destino que le llegó, en la fecha susodicha, en el Museo-Mausoleo de Morille, para toda la eternidad (el artista insiste en este dato y en su agradecimiento al pueblo, sentimiento que para el municipio de Morille es recíproco).

En fin, Paulo reside en Aldeatejada desde 1998. Su esposa, nos revela finalmente Paulo, nació en Morille.

# N.º 37

Fecha del enterramiento:
## 15 de noviembre 2014
Periodista:
## CHRISTIAN MALARD
Objeto enterrado:
## FOTO ENTREVISTA A RUHOLLAH JOMEINI
Epitafio:
## «Christian Malard. Éditorialiste consultant diplomatique international. Esta tumba es una charla apretada»

BIOGRAFÍA

**Christian Malard** (1949), natural de Besançon (Francia), es un reconocido periodista internacional, que cuenta con una prolífica carrera profesional. Ha trabajado para diversos medios, entre los que destaca France 3.

Orientó su trabajo hacia el periodismo de investigación y la cobertura de sucesos internacionales. Su dedicación para con el periodismo le ha llevado a ser testigo de numerosos eventos históricos, además de poder entrevistar a más de 40 jefes de Estado, como, por ejemplo, Vladímir Putin o Richard Nixon. Su enfoque veraz e incisivo de la política global ha propiciado que se le considere como uno de los periodistas más respetados del mundo y un experto en relaciones exteriores.

De entre todas las entrevistas dirigidas por Malard, cabe destacar la realizada al ayatolá Ruhollah Jomeini, antiguo líder de la Revolución Islámica de Irán, en 1979. El hito histórico de este encuentro tuvo un gran impacto dentro del periodismo internacional, debido a la complejidad que conllevó el poder entrevistar a un personaje tan controvertido y misterioso. Durante la entrevista, Malard formuló preguntas peliagudas y precisas, a través de las cuales consiguió aportar al mundo una visión sin precedentes y más cercana sobre las intenciones de Jomeini y el futuro del país iraní.

El 15 de noviembre de 2014, tras una intervención en el salón de plenos del Ayuntamiento de Morille, Malard enterró en el Cementerio de Arte una pieza relacionada con tal entrevista: una fotografía en gran formato tomada durante la conversación con Jomeini. El reverso de la foto contenía una reflexión sobre la figura del ayatolá y su legado en el mundo contemporáneo. Con este entierro, el periodista dejó constancia de su compromiso con su profesión, de su conexión con momentos decisivos de la historia y de su capacidad para dejar una marca insólita en el mundo y en la memoria colectiva, a través de su trabajo.

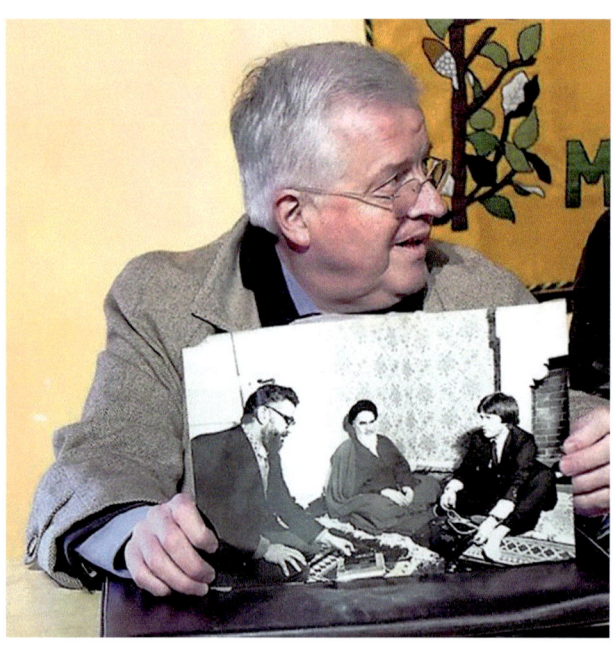

# N.º 38

Fecha del enterramiento:
## 25 de abril 2015
Artista:
## JORGE BALDESSARI
Obra:
## UNA ESCULTURA DEL ARTISTA REALIZADA CON HUESOS HUMANOS. A TÍTULO PÓSTUMO
Epitafio:
## «in situ»

## BIOGRAFÍA

**Jorge Baldessari** (Rosario, Santa Fe, Argentina 1953-Burgos, España 2010)

Baldessari era un creador autodidacta cuya obra casi siempre partía de la improvisación a base de un material que le inspiraba. Los materiales cotidianos y desechos, las herramientas, los motores, se convierten en una obra poética, crítica y con gran sentido del humor una vez remodelados en la forma y en la composición que buscaba. El dialogo entre su obra y el espectador era muy importante para él. Buscaba siempre los lugares más inéditos para mostrar su trabajo, pasando las fronteras de las galerías y de los museos. Muchas de sus creaciones, literalmente, han quedado en la calle, momentos instantáneos en la búsqueda de la belleza y la poesía de la vida que, a falta de teléfonos móviles con cámaras u otros medios digitales de ahora, nunca fueron a parar a otro lugar. Su vida impregna su obra. Y su vida fue movida.

Empezó en Rosario, Argentina, en 1953. Su padre murió cuando él era muy joven. Ya de pequeño era un chaval inquieto, rebelde e investigador. Se metió en política, y ya era miembro del partido Trotskista en los años 70. Antes de culminar la dictadura de Videla, supo llegar a Barcelona. Vivió cinco años en la capital catalana y alrededores, en plena época de transición, absorbiendo la nueva cultura, disfrutando de una vida sin miedo, con recursos conseguidos haciendo las famosas Rupertas del programa «1,2,3». Un amor arrebatado le trasladó a Amsterdam. En esa ciudad cayó justo en la mejor época del movimiento okupa, a principios de los años 80. Se convirtió en profesor de castellano y paralelamente se implicó en la cultura de la ciudad y fundó allí la Fundación Imágenes y Palabras, que organizaba principalmente actividades relacionadas con la literatura y el cine. A finales de los noventa vuelve a España y se instala en La Aldea del Portillo de Busto (Burgos).

Jorge Baldessari era el alma mater de la asociación cultural Imágenes y Palabras y del Hacedor, fundada en 1999 en esta pedanía de Oña, donde se había asentado y que terminó siendo su última morada. Imágenes y Palabras, desde el principio de su nacimiento en Aldea, buscó diversificar la vida cultural en el medio rural. Ardua tarea en una zona muy despoblada, sobre todo en los largos inviernos, pero que se fue consiguiendo a través de una oferta muy diversa de actividad: desde proyecciones de cine en 16 mm en los pueblos más pequeños hasta la organización de grandes eventos culturales en Miranda de Ebro o Burgos. Paralelamente trabajaba en la restauración del actual Hacedor, con ayuda de voluntarios internacionales y donaciones de empresas locales. Se terminó la construcción en el año 2009, justo un año antes de su fallecimiento.

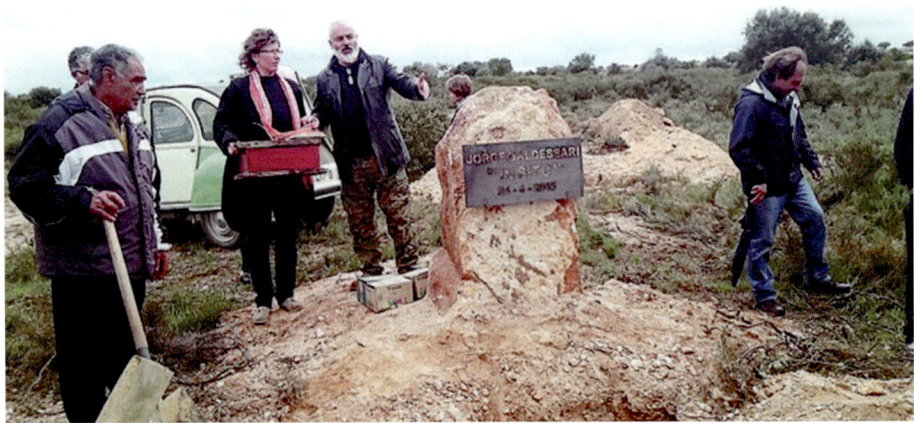

La viuda de Baldessari, la holandesa Dorien Jonsgma, portando la caja que fue enterrada y que llevaba la obra dentro.

La pieza de Baldessari allí enterrada es el símbolo de ETA hecho con huesos humanos, realizada justo después del salvaje, cruel, inhumano asesinato de Miguel Ángel Blanco

# N.º 39

Fecha del enterramiento:
## 18 de julio 2015
Artista:
## JOSÉ ANTONIO ARRIBAS
Obra:
## UN TABURETE EMPLEADO POR EL ARTISTA PARA PINTAR
Epitafio:
## «Objeto de estudio» A título póstumo

BIOGRAFÍA

**José Antonio Arribas Avilés** (Madrid, 1943-Valladolid, 2013) fue pintor y escritor destacado. Nacido en Madrid, aunque descendiente de la localidad terrarevalense de Palacios de Goda, el artista se afincó en Arévalo a finales de los años setenta. Entonces creó la Bienal Internacional de Pintura Ciudad de Arévalo, un evento que se consolidó en la década de los ochenta y que supuso un cambio en la forma de ver la cultura en la villa abulense, con exposiciones de categoría internacional, que atrajeron a los mejores críticos de arte. Asimismo, durante esa época, formó parte de la asociación cultural El Terral, de la que llegó a ser presidente.

Posteriormente, colaboró con el municipio en la organización de importantes exposiciones en la iglesia de San Miguel, que se celebraban dentro del programa «Arévalo Cultural» y que completaba la Feria de Muestras. En su faceta crítica, ha sido articulista colaborador en la revista «La Llanura», que edita la asociación de Cultura y Patrimonio La Alhóndiga.

Inició su primer contacto con la pintura junto al maestro canario José Aguiar. Se formó en el Círculo de Bellas Artes y la Escuela de Artes Aplicadas, culminado su fase académica hacia 1974. Dos años más tarde, se inicia con la «Serie Roja», un ciclo dedicado al informalismo matérico, atento, limpio, con esmerada factura, en su caso, y trabajando el óleo sobre temple en un modelado de las superficies que, como extremo, cae en lo escultórico.

Con estas premisas, desde 1983, su pintura se inscribe en una figuración de temáticas castellanistas, series de casas, desvanes, fachadas y corralones, desde la óptica siempre de un realismo poético, para algunos hiperrealista. En 1990, en su serie «Desastres

Iconográficos», se abre a una mayor internacionalización de su temática figurativa.

«Ha trabajado con el sosiego de un artesano, armonizando el impulso ciego con el quehacer reflexivo, y el horror inicial ha perdido, durante el proceso creador, toda su virulencia», dijo de él el poeta José Hierro.

Restauró más de 500 obras antiguas y modernas, aparte de publicar el libro de poesía «Alcaraván y asfalto», y firmar numerosos artículos, en los últimos años en la revista «La llanura», de la asociación La Alhóndiga.

Fernando Martin, amigo de su hija, le define como «un pintor de raza, apasionado, de carácter alegre», y cita: «No le importó nunca el dinero, era un pintor de verdad, toda la vida sobreviviendo de la pintura y no ha tenido la oportunidad de disfrutarlo».

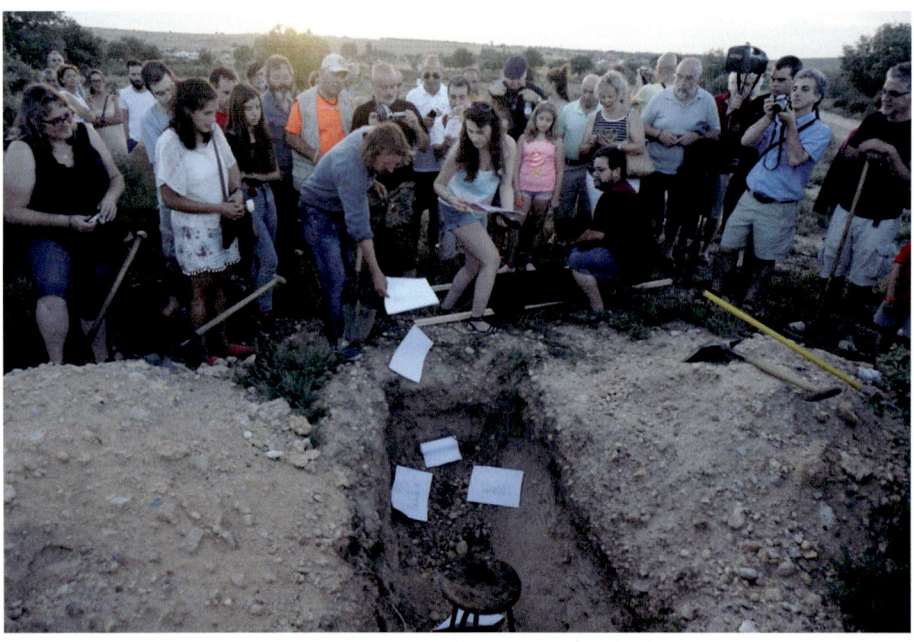

# N.° 40

Fecha del enterramiento:
**19 de julio 2015**
Artista:
**LEANDRO VALE**
Obra:
**UN TELEVISOR PROYECTANDO UN CORTO DEL ARTISTA**
Epitafio:
**«Aquí jaz a minha casa»**

## BIOGRAFÍA

Leandro Vale (Travanca de Lagos, Portugal, 1940-Lisboa, Portugal, 2015). Fue actor, director, hombre de radio, escritor, dramaturgo y periodista, en definitiva, un promotor de la cultura portuguesa en todos los niveles.

Desde el punto de vista político, Vale siempre estuvo con los ideales del Partido Comunista, fue siempre un militante de izquierda. Escribió 179 textos teatrales, de los cuales 102 fueron representados. Una de las marcas más profundas y duraderas de su carrera está ligada al intenso trabajo teatral y de dinamización cultural desarrollado en Trás-os-Montes.

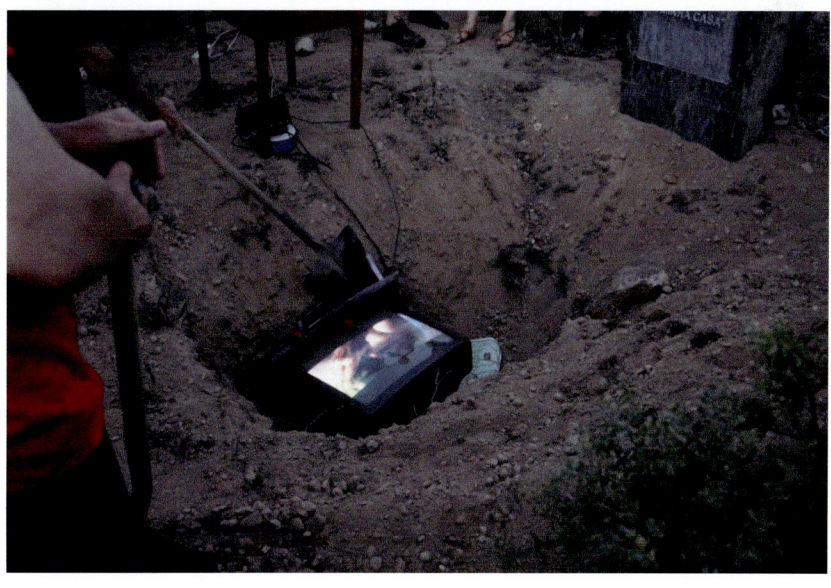

Vivió y trabajó durante un largo período en las Azores, donde creó ocho grupos de teatro, en particular en San Jorge, un municipio con tres mil habitantes.

Fue distinguido con la Medalla de Honor de la SPA, cooperativa cuya actividad siempre acompañó intensamente.

Durante el PAN de 2015 se le rindió un homenaje en Morille que culminó con el enterramiento de un televisor donde se proyectaba una performance de su propio entierro.

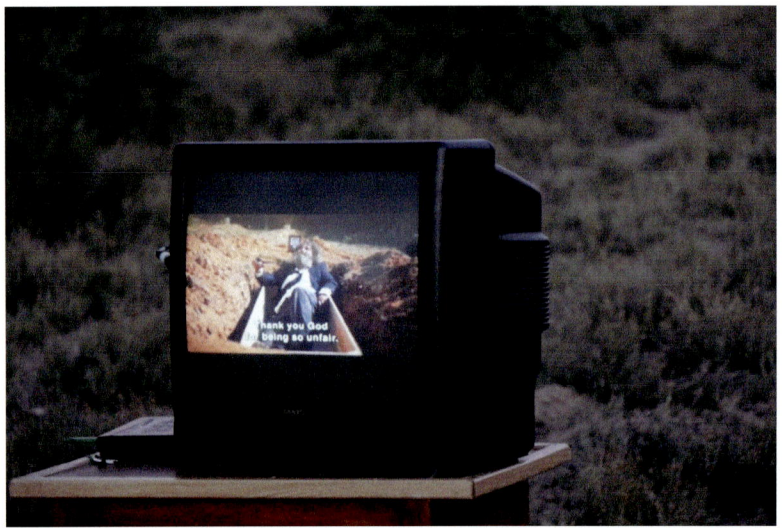

El broche final antes de la clausura oficial del festival de ese año, que contó con el concierto del Grupo de Cavaquinhos da Escola Municipal Sabor Artes, estuvo marcado por la emoción. Y es que, en el particular entorno del Cementerio de Arte, se llevó a cabo el homenaje a Leandro Vale, que empezó con un teatro de marionetas, con texto y escenografía del recientemente desaparecido actor, director, escritor y periodista portugués, seguido de un documental y del enterramiento de la televisión en la que se pasó dicho documental.

«Para nosotros este enterramiento es muy importante, ya que el dramaturgo portugués Leandro Vale, uno de los más importantes del siglo XX y que falleció hace pocas semanas, era un asiduo del PAN de Morille y venía siempre que se lo permitía su salud», señalaba el alcalde. El documental de Vale elegido fue *Aqui jaz a minha casa (Aquí yace mi casa)*, «que creemos que tiene un título muy oportuno para esta situación», terminaba Manuel Ambrosio.

# N.º 41

Fecha del enterramiento:
## 17 abril 2016
Artista:
## MANUEL HERNÁNDEZ SÁNCHEZ
Obra:
## Objeto enterrado: un libro publicado póstumamente
Epitafio:
## YO AMO, DIOS
## YO AMO COMO TÚ PUEDES AMAR,
## PERO TE GANO EN LA PASIÓN

## BIOGRAFÍA

**Manuel Hernández Sánchez** (Salamanca, 1945-1991) fue en vida y sigue siendo un poeta prácticamente desconocido en su tierra natal, a pesar de la calidad de su obra. Sus poemas permanecieron inéditos, literalmente en un cajón, hasta que Ediciones Salamanca publicó en el año 2000 una selección con el título de *Antología soterrada*.

Sin embargo, tampoco esta labor de rescate alcanzó la difusión que el editor y los amigos y admiradores del poeta esperaban. En buena medida, el soterramiento definitivo de varias decenas de ejemplares de dicha antología, en el Cementerio de Arte de Morille, responde, además de un homenaje al poeta, a la voluntad de poner de manifiesto el oscurantismo que sigue rodeando su obra.

En el acto se leyeron varios poemas de Manuel Hernández y en él participaron, entre otros muchos, Raúl Vacas, el editor Ricardo-Luis González Iglesias, la viuda (Fe Cordero) o el hijo del poeta.

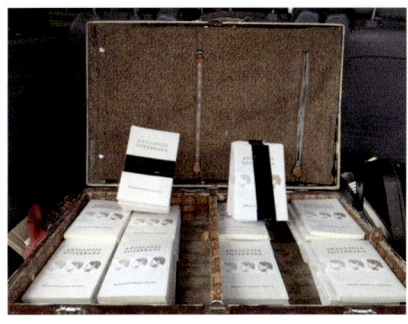

# N.º 42

Fecha del enterramiento:
**5 junio 2016**
Artista:
**ZULMIRO DE CARVALHO**
Obra:
**Escultura 1986**
Epitafio:
**Escultura 1986**

BIOGRAFÍA

**Zulmiro de Carvalho** (Alegre Village, Valbom, Gondomar 12 marzo de 1940) es un escultor y profesor portugués.

Estudió en la Escuela de Artes Decorativas de Soares dos Reis, Oporto (1952-1958). Se graduó en la escultura en la Escuela de Bellas Artes de Oporto en 1968, donde más tarde ejercería de maestro (1969-1971; 1973-1995).

Cuando todavía era estudiante, participó en la Exposición extra-escuela, con obras en las que ya se han identificado algunas de las principales características de las etapas de mayor madurez de su trabajo, incluyendo la escultura refinada de formas geométricas y materiales simples.

Entre 1971 y 1973 estudió en Londres, en St. Martin's School of Art, obtuvo una beca de la Fundación Calouste Gulbenkian, que le permitió profundizar en la escultura como espacio de vida.

En la mayoría de sus esculturas, su trabajo permanece en el estadio o nivel de proyecto, dejando su realización a técnicos especialistas. Se percibe una sensibilidad a la textura de las piedras, a las líneas y los granulados de la madera y las huellas de la corrosión de los metales.

El diseño es una actividad distinta y autónoma de la escultura. Sin embargo, los soportes y materiales de calidad en su materialidad y simples en su naturaleza, el grosor de las líneas y la fuerza del gesto que requieren o implican, ponen en evidencia unos procesos físicos asociados tradicionalmente con la práctica de la escultura. La selección de la madera que sirve de soporte a las esculturas está también escogida, teniendo en cuenta la calidad y riqueza de vetas que presenta. Los rasgos de lápiz trazados de forma armoniosa y con gestos vigorosos y amplios establecen la tensión entre la madera y el grafito. También utiliza los trazos aislados, individualizados en sus obras.

El enterramiento de la pieza «Escultura 1986» de Zulmiro de Carvalho, en el Cementerio de Arte de Morille, estuvo precedido de un recital poético de autores de Guarda y de Salamanca. El evento fue organizado por la Câmara Municipal da Guarda, el Museo de Guarda y la Universidad de Salamanca.

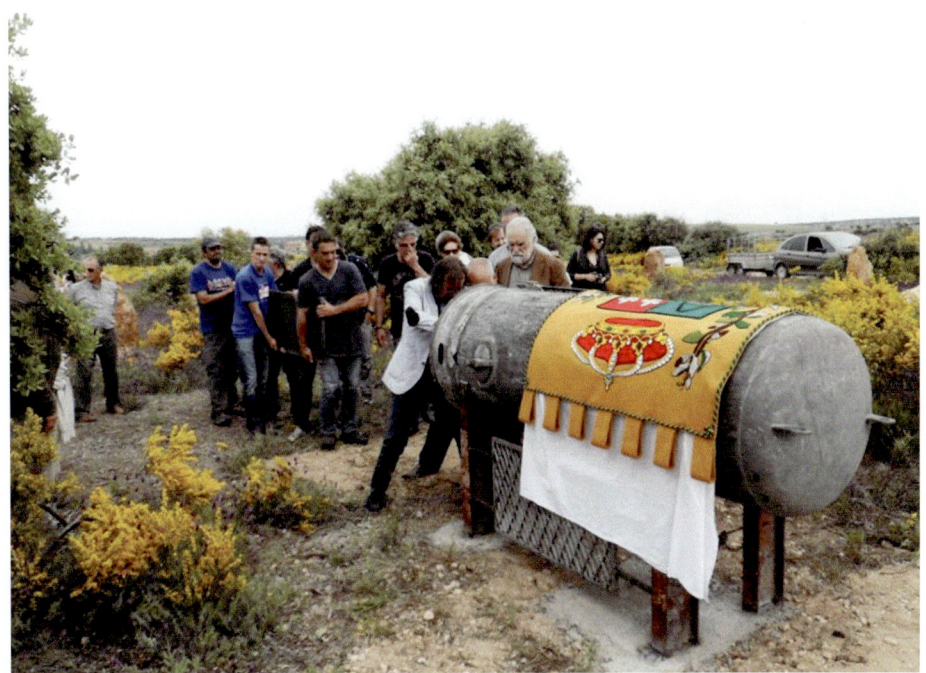

# N.º 43

Fecha del enterramiento:
## 9 de agosto 2016
Artista:
## JOSÉ IGNACIO CORDÓN
Objeto enterrado:
## 135 troqueles de acero empleados en Joyería Cordón para fabricar insignias, medallas y monedas conmemorativas y colocadas en una caja fuerte sellada.
Epitafio:
## «EMBRIÓN DE HONORES» JOYERÍA CORDÓN

BIOGRAFÍA

**José Ignacio Cordón** (Salamanca, 1944) es joyero, gemólogo.
*Joyerías Cordón se fundó en* Salamanca en el año 1920 por el abuelo de José Ignacio, D. José Cordón de Blas, que a su vez era hijo de platero en Sevilla, en la calle San Pablo n.º 1, donde posteriormente se construyó un edificio que albergó la joyería, una tienda de regalos, tres pisos donde vivía toda la familia y los talleres de joyería y relojería en el ático. La empresa se amplió con una sucursal en la Plaza Mayor, n.º 25 en el año 1940.

Al fallecer el abuelo en 1971, se repartieron las tres tiendas entre los hijos, quedándose el padre, José Manuel Cordón, con la de la Plaza Mayor y con el taller de joyería.

En el año 1993 su padre traspasó la joyería a José Ignacio, que regenta desde entonces el negocio con la ayuda de su hijo Pablo, que será la cuarta generación de joyeros en Salamanca.

Como nota curiosa, se hace notar que el abuelo José se casó con Rafaela Elena, que a su vez era hija de Sebastián Elena, que tenía la joyería en la calle de la Rúa y que era descendiente de una larga serie de plateros que se alarga hasta el año 1690. Uno de ellos recibió el título de proveedor de la casa real, honor que se conservó celosamente.

En los talleres de la joyería Cordón se han fabricado todo tipo de joyas en oro y plata que han llegado desde el Kremlin hasta el Vaticano. Se han especializado en hacer condecoraciones y medallas conmemorativas y algunos de sus clientes son el Ayuntamiento y la Diputación de Salamanca, Cortes de Castilla y León, Parlamento de Andalucía, Universidades como la de Salamanca, Valladolid, Extremadura, León, Pontificia de Salamanca, Pontificia de Comillas, Pontificia de Avila, Universidad a Distancia y muchos organismos deportivos y empresas.

Lo que se enterró en el Museo Mausoleo de Morille fueron una serie de troqueles de acero templado que se utilizan para la fabricación de las insignias y las medallas conmemorativas.

Para ello se hace primero un punzón de acero en el que se talla el motivo o escudo que se quiere fabricar. A continuación hay que templarlo y clavarlo en otro troquel de acero dulce, donde queda el molde a reproducir. Este troquel también hay que templarlo para endurecerlo y ya está listo para empezar a estampar.

Para estampar hacen falta unas prensas hidráulicas de 10 a 20 toneladas: Se coloca el troquel, encima una lámina de oro, plata o bronce, y se da un golpe con la prensa. De este modo queda estampado el motivo y ya solo hace falta quitar los rebordes sobrantes y queda terminada la pieza.

José Ignacio Cordón y su familia son vecinos de Morille desde hace años.

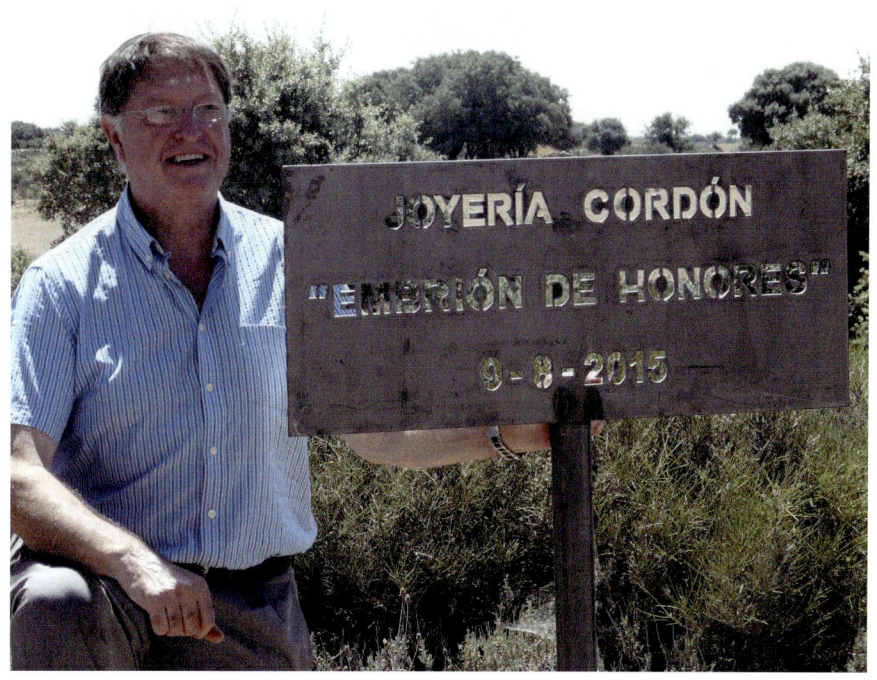

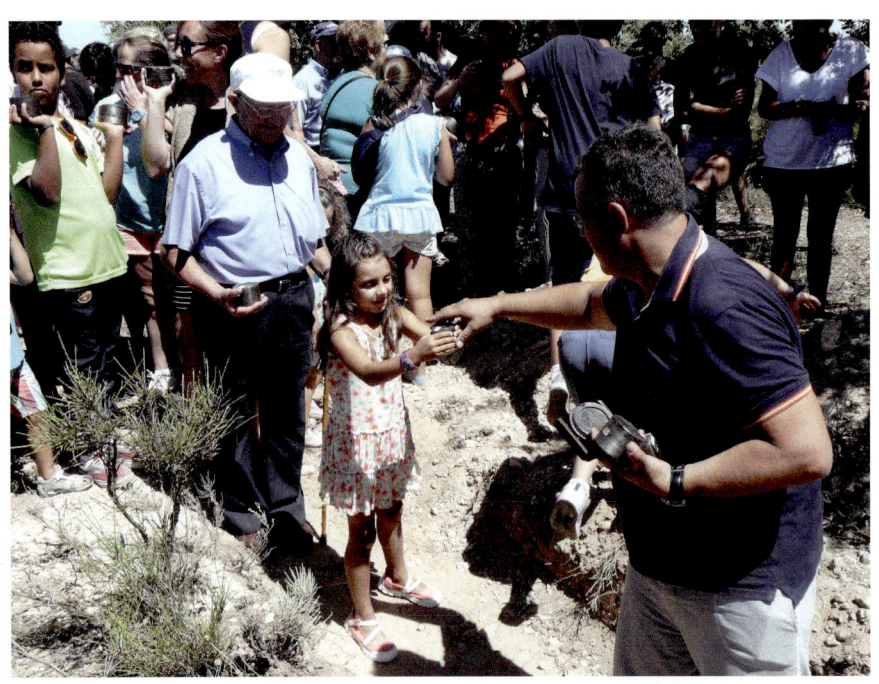

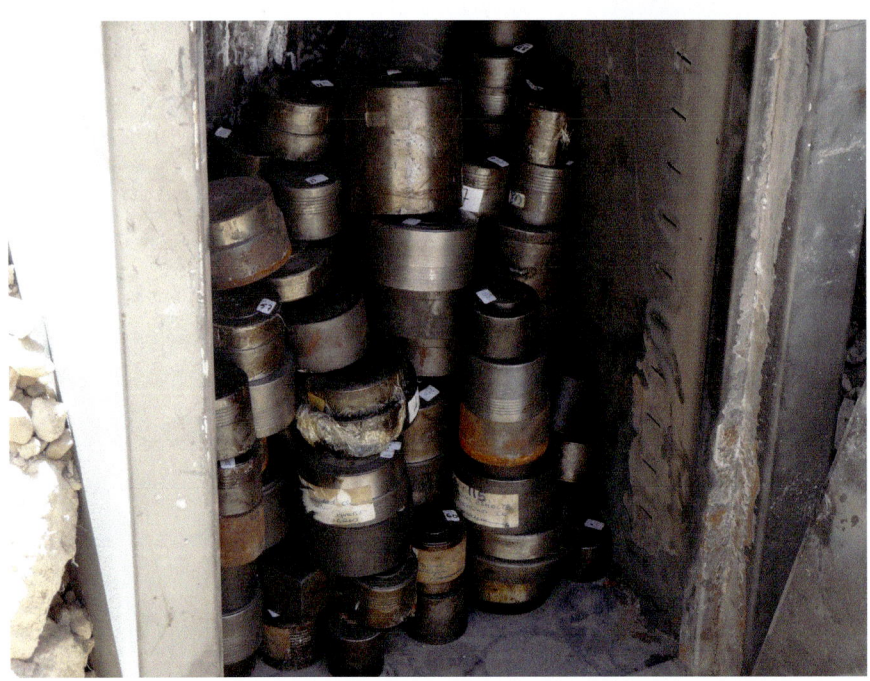

# N.º 44

Fecha del enterramiento:
## 3 de septiembre 2016
## HOMENAJE A LOS MOTORISTAS CAÍDOS EN LA CARRETERA
Obra:
## Se realizó una columna con unos guardarrailes y se coronó con un par de botas de motorista
Epitafio:
## A sus pies está la verdad (en una placa)
## 150 contra Ingelmo (en otra placa)

Más de un centenar de moteros inauguraron el monumento para homenajear a todo los compañeros heridos o muertos en trágico accidente por culpa de los «quitamiedos» que jalonan nuestras carreteras.

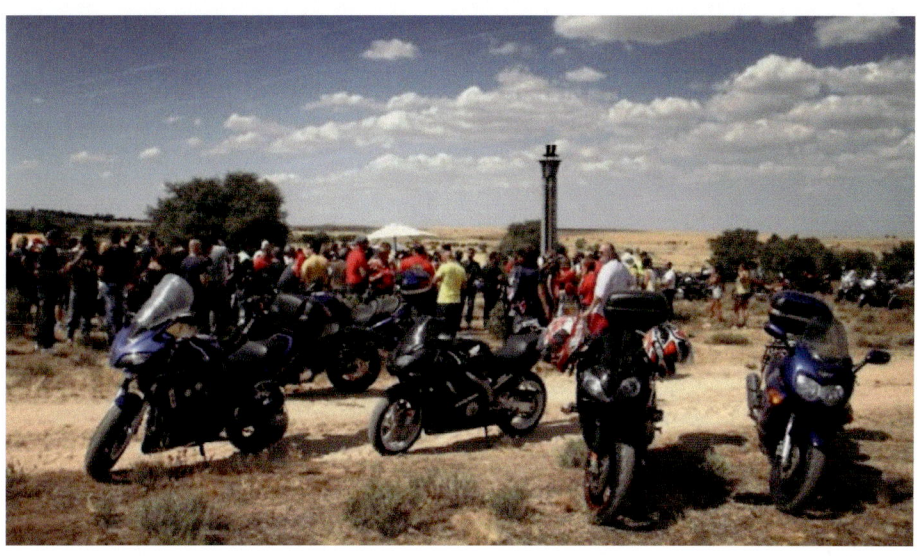

El monumento, anclado sobre un pedestal de hormigón, está realizado con los mismos «quitamiedos» en forma de columna sobre la que descansan unas botas de motorista. En el pedestal figura una inscripción que reza: «La verdad a tus pies» y en el lado contrario: «150 Contra Ingelmo». En total han sido más de 150 los motoristas que han homenajeado a sus compañeros fallecidos, mientras que

Ingelmo, cortador de jamón, haciendo honor a su oficio, repartió este manjar entre todos los presentes.

El acto se desarrolló en la parte superior del Museo Mausoleo y la columna conmemorativa tiene el mismo aspecto que la que utilizó Luis Buñuel en su inefable película «Simón del desierto», en la que Simón el Estilita desafía las inclemencias del tiempo y las tentaciones de Lucifer, casi siempre encarnado en una mujer –joven o vieja–, para ganar el cielo.

Simón permaneció subido a la columna durante años y rechazando todos los placeres alimenticios y carnales, aunque finalmente acabó cediendo y tomando copas con el diablo, acaso en una discoteca de Nueva York.

Al igual que Simón el Estilita los motoristas terminaron el homenaje cediendo a la gula con una comida de confraternidad, eso sí, bien regada con todo tipo de líquidos, ya que el calor apretaba, en Aldeaseca de la Armuña.

# N.º 45

Fecha del enterramiento:
## 22 de Octubre 2016
Artista:
## FRANCISCO JAVIER MARTÍN PRIETO
Obra:
## Presentación de la quinta novela de Francisco Javier Martín Prieto –*Mausoleo Blues*– Morille (Salamanca)

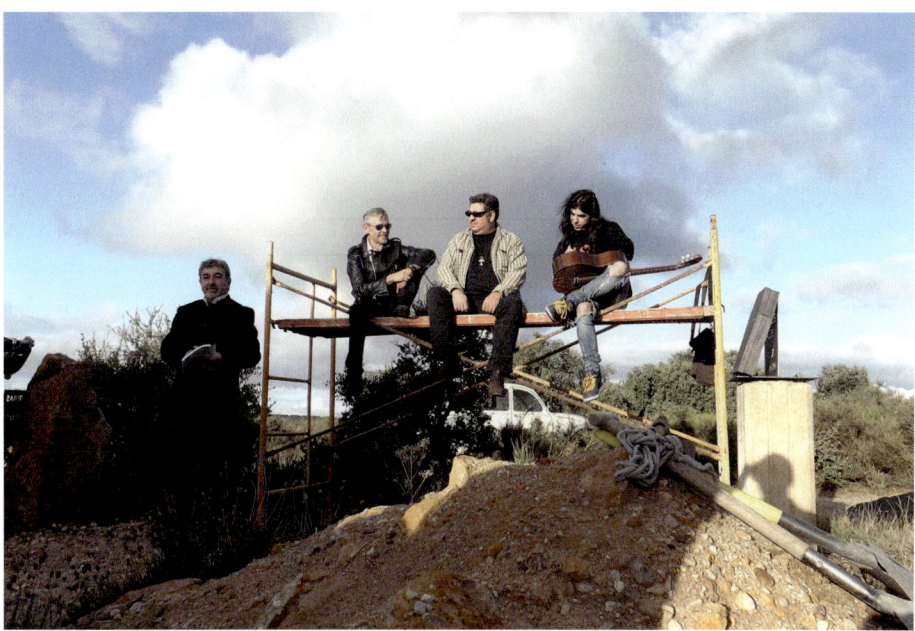

## BIOGRAFÍA

**Javier Martín Prieto** (Salamanca 1964) es licenciado en Filosofía y Ciencias de la Educación (sección Filosofía Pura) por la Universidad de Salamanca.

Realiza los cursos de Doctorado en la Universidad Pontificia de Salamanca, se diploma en Técnicas de Investigación Social por el (ISAM) de Madrid, posee un Máster MBA y actualmente dirige Escuela Superior de Negocios (Desarrollo Empresarial). Ha publicado doce novelas cortas y un relato incluido en *Los cuentos de la desolación*, hasta el momento.

Sus primeros años transcurren en un barrio obrero de la capital salmantina, asistiendo a una escuela en la cual existía, aún, la separación de aulas, una para las chicas y otra para los chicos. Según palabras del autor, vivió en propia persona «los restos del Plan Marshall», recibiendo a diario, en dicha escuela, una botella (de cristal) de leche, cuya tapadera era de papel aluminio: «Recuerdo perfectamente, cómo después de beber el contenido de la misma, los niños jugábamos con dicha tapadera de aluminio, haciéndola vibrar, tras afinarla con la punta del lapicero».

Eran los años de la enciclopedia Álvarez y de los grandes mapas colgados en las, a veces, desconchadas paredes, custodiados por el retrato de Franco a un lado, y el crucifijo al otro. Recuerda el autor cómo preparaban los niños el brasero de cisco para calentar la habitación que hacía las veces de aula, y otro para colocar debajo de la mesa-camilla del maestro.

En el Colegio Salesiano de María Auxiliadora situado en la capital salmantina concluye la EGB y pasa al Instituto. Martín Prieto señala que le produjo un «choque» aquello de «tener chicas en el aula», porque no era habitual ni costumbre.

Este hecho provoca, y lo recuerda el autor perfectamente, que el día que tuvo que «explicar un tema de historia –oralmente–» fuera incapaz de hablar en público por aquello de haber chicas… literalmente enmudeció.

En el campo de fútbol era distinto, ya estaba en la selección de su provincia y «salía» en el periódico. El ojeador del Atlético de Madrid le había echado el ojo (era zurdo «cerrao» y eso cotizaba en aquel momento… todo rodaba como debía).

La llegada a la Universidad de Salamanca para licenciarse en Filosofía y Ciencias de la Educación (sección Filosofía Pura) supone el primer contacto profundo con los autores más potentes intelectualmente: Kant, Hegel, Marx, Engels, Feuerbach, Nietzsche, Schopenhauer, Max Weber, Robert Owen…, con la Sociología, la Psicología y la Antropología, entre otras materias.

Es en esta etapa cuando comienza a tener contacto con la novela negra, de intriga y de espionaje… «por aquello de desconectar y aterrizar los pensamientos no tan terrenales provocados por la Metafísica».

Durante estos años, nuestro autor pasa largas temporadas en Nantes, y recorre el sur de Francia. Es en este periodo en el cual la mente de nuestro autor «cambia», acuñando una frase que le gusta decir y repetir hasta la recomendación: «Si eres un chico de provincia, de barrio o no tienes estudios, entonces, hay que ser un cateto, pero un cateto viajao». Son años de confrontación con parte de la realidad y de adquisición de otra visión social… España crecía moral y socialmente con su «movida», mientras que el país vecino (entre otros) nos enseñaba, nada más pasar los Pirineos, apertura mental y «nos quitaba, a golpe de película –recuérdese el destape– la moral ñoña establecida».

Son años, también, de publicaciones: artículos científicos, estudios sociológicos…

Al terminar los estudios superiores, el primer trabajo de nuestro personaje es como empleado de Banca, en la ciudad de Segovia. Dicho trabajo lo abandona, pasado un tiempo, para incorporarse a la docencia.

El enterramiento se realizó después de la presentación, en primicia, de su novela *Mausoleo Blues – Morille*, de carácter detectivesco y cuya trama se desarrolla, entre otros lugares, en Salamanca y en el Cementerio de Arte de Morille. Los actos estuvieron amenizados por la Metal Blues Band, que creó un blues para esta ocasión.

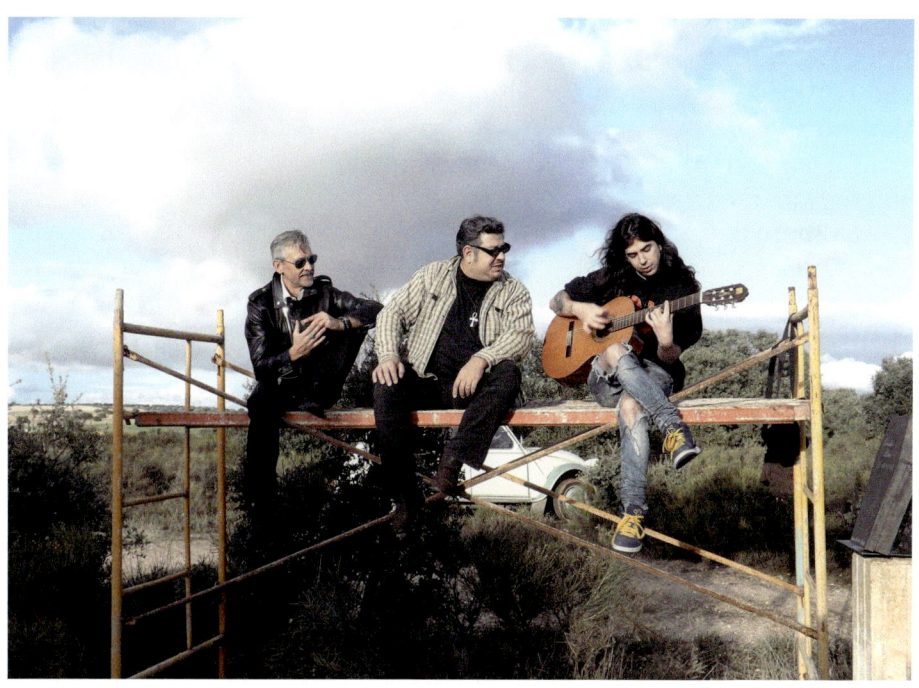

# N.º 46

Fecha del enterramiento:
## 24 de marzo 2017
Artista:
## VÍCTOR MIRA
Epitafio:
## «El morir siempre ha dado que hablar» antihéroes
Obra:
## Una plancha con un texto de la obra de teatro de Víctor Mira «ANTIHÉROES»
## Plancha para calamares. Fritos de antihéroes

## BIOGRAFÍA

**Víctor Mira** (Zaragoza 1949-Munich 2003) es pintor, grabador y escultor.

Su carrera artística estuvo marcada por un carácter autodidacta, desarrollando el grueso de su trabajo entre la pintura, el dibujo y la escultura. Su gusto por el arte propició que desde muy joven encauzara su trayectoria profesional, ya que con tan solo dieciocho años Mira pudo realizar su primera exposición de escultura en su ciudad natal, Zaragoza, coincidiendo, además, con que esta muestra era la primera que se celebraba al aire libre.

Durante la década de los setenta viajó por la Península a diferentes lugares, como Madrid, Barcelona o Pamplona, para luego pasar a conocer países como Alemania o Estados Unidos, invitado por el Meadows Museum de Dallas.

Su pasión por el arte vino de la mano de su gusto por la literatura. Así en 1975 publicó *El libro de las dos hojas*, y en 1978 *Estética kebrada aragonesa*. Además de las publicaciones citadas comienza a trabajar en su libro *Tierra* en 1979, y a principios de los ochenta prepara su libro de grabados *Cien imágenes de África*, que se publicará años después, en 1996 concretamente.

Se observa en su trayectoria una actividad frenética, las exposiciones se suceden en diferentes puntos de la geografía peninsular, europea e incluso americana, sus publicaciones no cesan y sus trabajos se diversifican: posters, carteles, poemas, pintura, escultura y obra gráfica. Fue galardonado en el 2003 como Mejor artista español vivo en la Feria ARCO.

La muerte planeó siempre sobre su vida y su obra. Y la muerte se lo llevó antes de hora. El artista zaragozano, cuyo trabajo y vida basculaban entre Barcelona y la pequeña población alemana de Breitbrunn am Ammersee, cercana a Múnich, fue un hombre de tormentosa agitación existencial, lo que dio a sus pinturas una gran intensidad. La muerte se produjo cuando el artista se lanzó a la vía de un tren de cercanías. La policía alemana señaló que la cocina de su residencia había ardido unas cuatro horas antes de su muerte. Las pérdidas materiales fueron cuantiosas, entre éstas mencionar la desaparición de parte de su obra, pues según su galerista en Munich «se quemó gran parte de su trabajo». La noticia de su fallecimiento conmocionó al mundo del arte y en especial a su tierra natal.

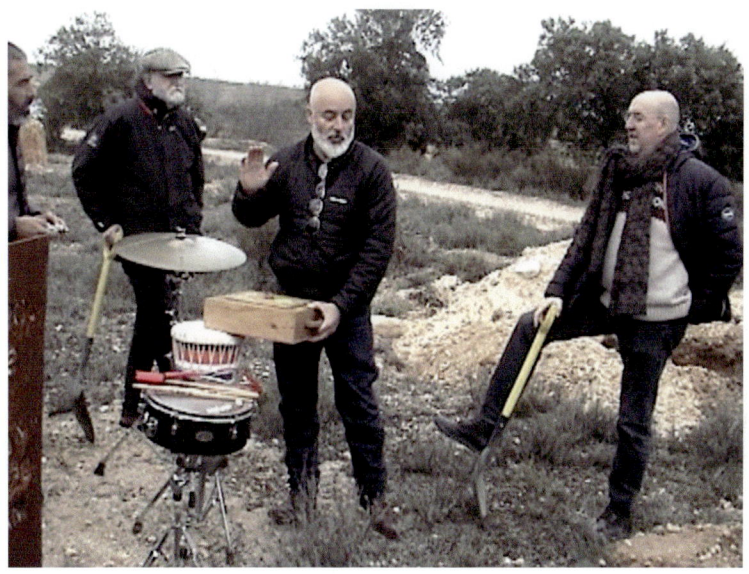

El galerista de Víctor Mira, Miguel Marcos, no encontró explicación al trágico desenlace. «No veo justificación a lo que ha pasado; hace unas tres semanas hablamos sobre proyectos. Estábamos preparando Arco y me pareció verle en un buen momento creativo». Para Marcos, «Mira era un animal pictórico, un hombre entregado a su trabajo, un monje en su taller que vivía por y para el arte». Mira siempre se sentía relegado en su propio país, lo que hacía de él un exiliado anímico. Para Marcos, «el reconocimiento de Mira ha sido lento y costoso en España, porque ha sido un artista rebelde, y eso no gusta actualmente a la sociedad».

# N.º 47

Fecha del enterramiento:
## 31 de mayo 2017
Artista:
## MATEO MATÉ
Obra:
## Busto de Venus sin cabeza de los moldes clásicos manipulados por el artista
Epitafio:
## «Dificilísima es la realización de estas cosas cuando la arcilla llega a la uña. Canon»

BIOGRAFÍA

**Mateo Maté** (Madrid, 1964) es un artista conceptual español.

Ha realizado exposiciones individuales en el Museo Siqueiros de México DF, el Museo Nacional Centro de Arte Reina Sofia, Herlizya Museum of Contemporary Art de Israel, el Museo Patio Herreriano de Valladolid, el Círculo de Bellas Artes de Madrid, el Museo Lázaro Galdiano, el Museo Cerralbo, la Biblioteca Nacional de España, etc.

Asimismo, ha participado en exposiciones colectivas en el Jeu de Pomme en París, en el MoMA PS1 de Nueva York, la Fundación Marcelino Botín, el Museo Berardo de Lisboa, el Centro de Arte 2 de Mayo, el Museo de Arte Contemporáneo de Santiago de Chile, MART de Trento, etc.

Su obra está presente en las siguientes colecciones: Museo Nacional Centro de Arte Reina Sofia, MUSAC (Museo de Arte Contemporáneo de Castilla y Leon), el CAB de Burgos, Artium (Museo Vasco de Arte Contemporáneo de Vitoria), La Fundación Altadis de Paris, la Fundación Botín en Santander, etc.

El enterramiento en el Cementerio de Morille surge porque Domingo Sánchez y Fernando Castro aprovecharon que el artista se encontraba presentando en la sala de Alcalá 31 de la Comunidad de Madrid la exposición «Canon». Una exposición en la que, según cuenta Fernando Castro, este artista hace una revisión de la historia de la escultura, en la que utiliza los moldes de la Academia de San Fernando, que trajo Velázquez de Roma por indicación del rey, que son los moldes de esculturas como el «Discóbolo», el «Doríforo» o la «Venus de Milo». Lo que ha hecho Maté es modificar alguna de esas esculturas canónicas y mostrar que hoy, en una sociedad pluralista y tolerante, todavía se cuenta con cánones, pero cánones del siglo XXI, no de la época clásica ni del siglo XVIII.

Partiendo de dicha exposición, lo que se hizo en Morille fue enterrar una escultura, que es una Venus clásica, el torso de una mujer desnuda, con un acto nada convencional y que se inició en el momento de trasladarse los participantes hasta el Cementerio de Arte, al que llegaron desde Morille subidos en el remolque de un tractor, en el que iba tocando el violinista Alejandro Guinaldo variaciones del «Canon» de Pachelbel, interpretando música barroca y romántica, y terminando con el tema «Despacito» de Luis Fonsi, puesto que, como explica Castro, esta canción es «una especie de canon contemporáneo, ya que además de ser el tema del verano es una especie de versión de cómo son hoy las músicas, cómo son los cuerpos, cómo son los bailes; es decir, cómo son las músicas que se te meten en la cabeza y no te las puedes quitar de ninguna manera. Para nosotros hoy la música de Luis Fonsi es casi el canon de lo que bailamos, de lo que tatareamos, de lo que vemos a través de la red y de las cosas que se vuelven repetitivas y obsesivas».

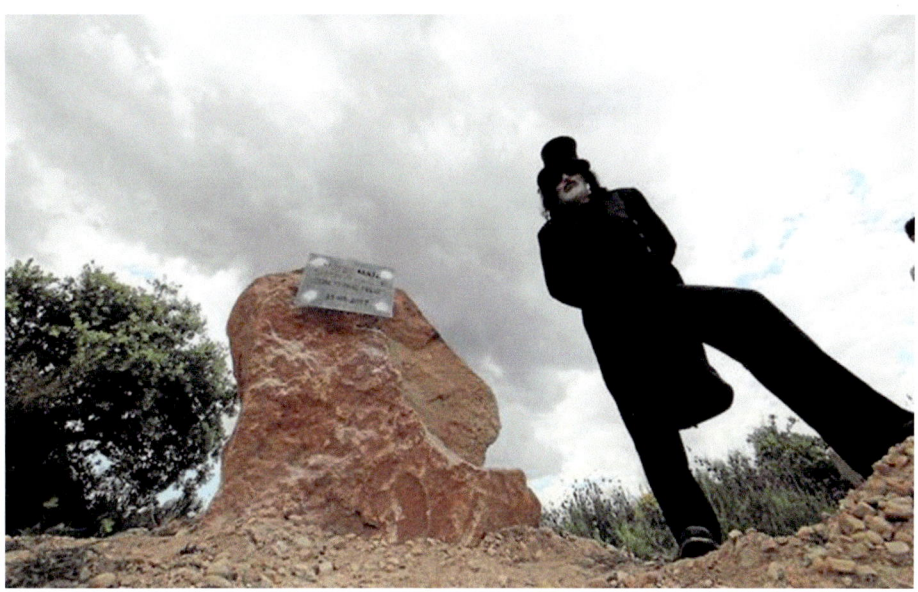

Domingo Sánchez Blanco en el lugar del enterramiento de la obra de Mateo Maté

# N.º 48

Fecha del enterramiento:
## 12 de julio 2017
Artista:
## ESTHER TOMÉ
Obra:
## Una caja con el sudor de su cuerpo mezclado con manteca
Epitafio:
## Los sueños de Unamuno

### BIOGRAFÍA

**Esther Gómez Tomé** (1977) es arquitecta técnica de profesión y artista puntual por deformación.

«El arte no es mi ocupación, ni siquiera mi devoción, es la necesidad intempestiva de dar respuesta a alguna de mis inquietudes, deseos, traumas, locuras, sueños.

Eminentemente práctica e impaciente, poco a poco voy limando mis propias asperezas y me enfoco en el disfrute simple y llano del tiempo previo a la intervención (sea de la índole que sea). Aquel en el que me siento libre (objetivo primero y último de cada acción y reacción de mi vida) en el que preparo,

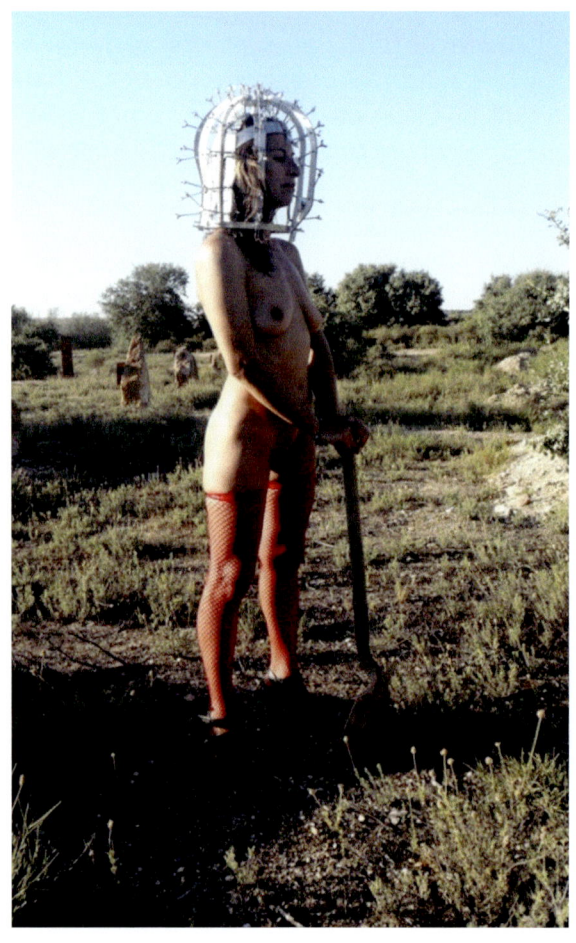

imagino, creo y planifico para luego hacer totalmente lo contrario que, aunque no lo parezca, es el resultado exacto de lo que pretendía en origen.

Amo lo justo, amo entender y que me entiendan, comprobar que las simpatías sean recíprocas con mi interlocutor. Amo lo mínimo como resultado de lo máximo aplicable a todas mis secciones, lados, costados, pisos y habitaciones… Amo «hacer mi parte» («I'm doing my part»). Mearme en ella y enterrar mi piel grasienta para sacar otra nueva, virgen y preparada para el cambio, que, como ya es sabido por todos, es lo único que perdura. Me importa menos el resultado, en una acción, que el mismo proceso… El proceso me excita. Las múltiples posibilidades me liberan. Lo mejor de las intervenciones es la gente que permite que sean realidad, en este caso Domingo Sánchez Blanco y Manuela Zarza, amigos y amados hace tiempo… Con ellos me desnudo artística, física y mentalmente. Eternamente agradecida…», en palabras de la propia Esther Tomé.

# N.° 49

Fecha del enterramiento:
## 16 de julio 2017
Artista:
## MARIA LINO
Obra. Objeto enterrado:
## Escultura en madera realizada por la artista para su lápida, pero la entierra porque ha donado su cuerpo para la ciencia
Epitafio:
## «A MINHA LÁPIDA»

BIOGRAFÍA

**María Lino** es una artista portuguesa, nacida en Feital (Braga), en 1944. Se inició en el arte escultórico en la década de 1960 tras especializarse en la Escuela Superior de Bellas Artes de Lisboa. No obstante, también ha cultivado otras ramas artísticas a lo largo de su trayectoria, como el dibujo, la pintura, la instalación o la literatura. Su obra se centra en la relación del ser humano con la naturaleza, el objeto y el concepto de *lugar*, desde una visión intimista y experimental, ya que se sirve de diferentes técnicas.

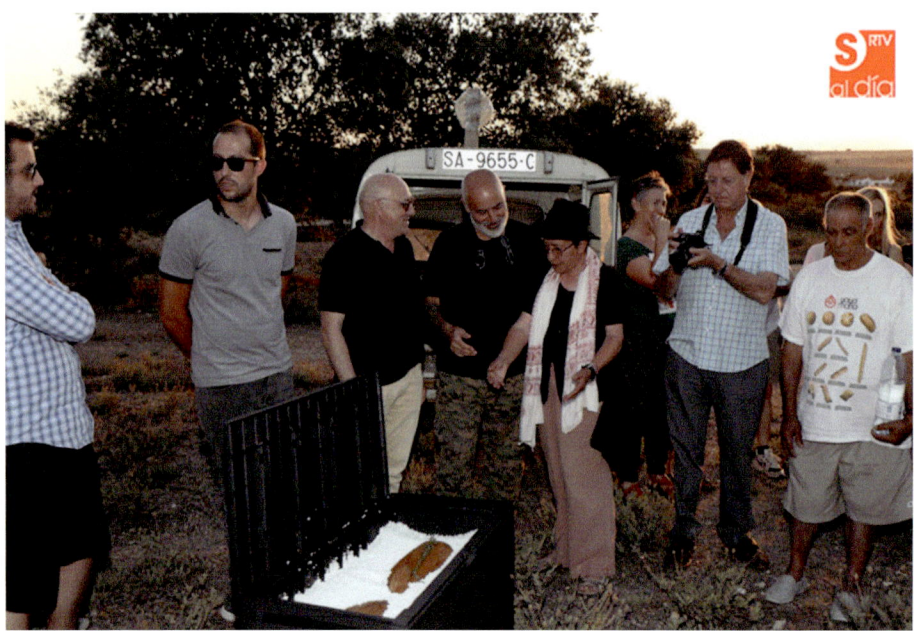

En 1970 emigró a Alemania, país en el que desarrolló amplia-
mente su carrera artística y académica. En 1997 regresó a Portugal,
donde fundó el Atelier TEMPO y comenzó a organizar y fomentar el
Simposio Internacional de Arte de Feital, hasta 2010. Esta conven-
ción se estableció como un medio para aproximar entre sí a artistas intergeneracionales y crear espacios de diálogo desde diferentes
contextos y puntos de vista.

Lino es una artista conceptual, cuya producción responde a la
necesidad de tratar temas fundamentales para la naturaleza humana, desde un enfoque que nace en lo personal y trasciende hacia lo
universal.

Su currículum está repleto de exposiciones individuales, que da-
tan desde 1968 hasta 2020, y otras tantas colectivas, de 1970 a 2021;
además de intervenciones más específicas, como la configuración es-
pacial y de las paredes en la casa "Bieberhaus", para el Ministerio de
Cultura de Hamburgo (Alemania) o la participación en el XIII Festival
PAN de Morille, al enterrar la pieza *A minha lápide*, en 2017.

En efecto, la ceremonia de enterramiento de la obra de Maria
Lino, acompañada del concierto de Pablo Mezzelani, despidió la edición XV del festival pánico morillejo.

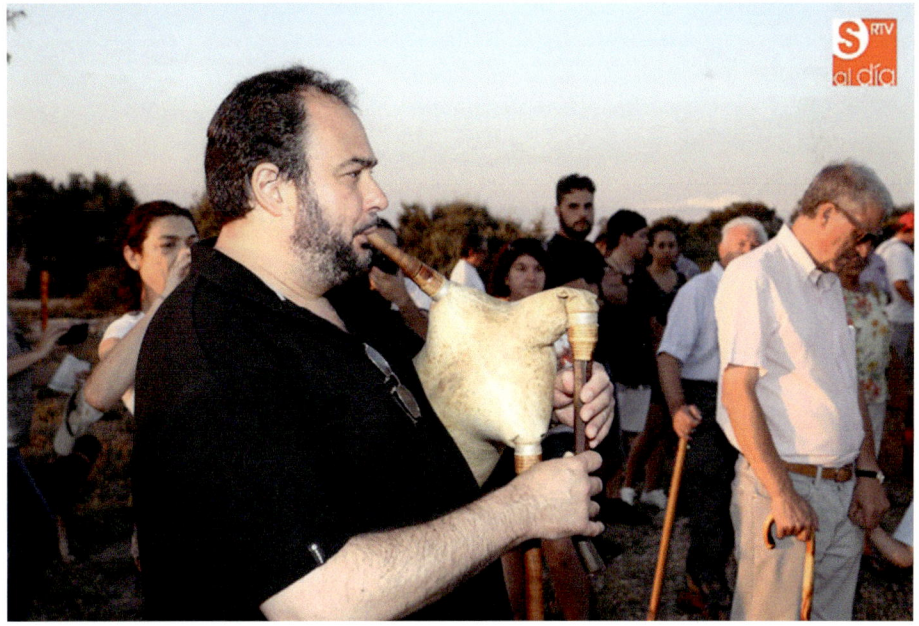

# N.º 50

Fecha del enterramiento:
## 1 de septiembre 2017
Artista:
## VÍCTOR PÉREZ (poeta)
Obra. Objeto enterrado:
## DOS LIBROS del poeta («Precioso rastro de destrucción» y «La venganza de tenskwatawa en los pixies») y UN CINTURÓN WORLD CHAMPIONS ganado por el poeta en un campeonato de boxeo de poetas pesados (Víctor Pérez/ Gonzalo Escarpa y Ben Clark/ David Moreno) celebrado en el Gallo Espacio de Arte Contemporáneo de Salamanca el 25 de enero de 2008.
Epitafio:
## Aprendiendo modales en pueblos crueles

### BIOGRAFÍA

**Víctor Pérez** (Oviedo 1978), poeta.

A los 11 años se trasladó a un pequeño pueblo de Zamora de 9 habitantes llamado Fresno de la Carballeda y estudió en Salamanca Historia del Arte. La Junta de Castilla y León le publicó una plaquette a los 21 años.

Ha aparecido en una antología de poetas de Castilla y León con motivo de la celebración de La feria del libro de Guadalajara en México en el año 2009.

Participó en «El combate de boxeo de poetas» celebrado en Salamanca en el año 2007.

Poeta inédito. En el último año está publicando su obra en Facebook. En la actualidad vive en Morón de la Frontera (Sevilla).

Dos singulares libros fruto de la fuerza expresiva del poeta Víctor Pérez y un cinturón de boxeo utilizado en un inclasificable combate pugilístico de poetas, bautizado bajo la denominación «Poetas pesados», que fue organizado en enero de 2008 por el Espacio de Arte Contemporáneo El Gallo, recibieron sepultura en el cementerio de arte de Morille.

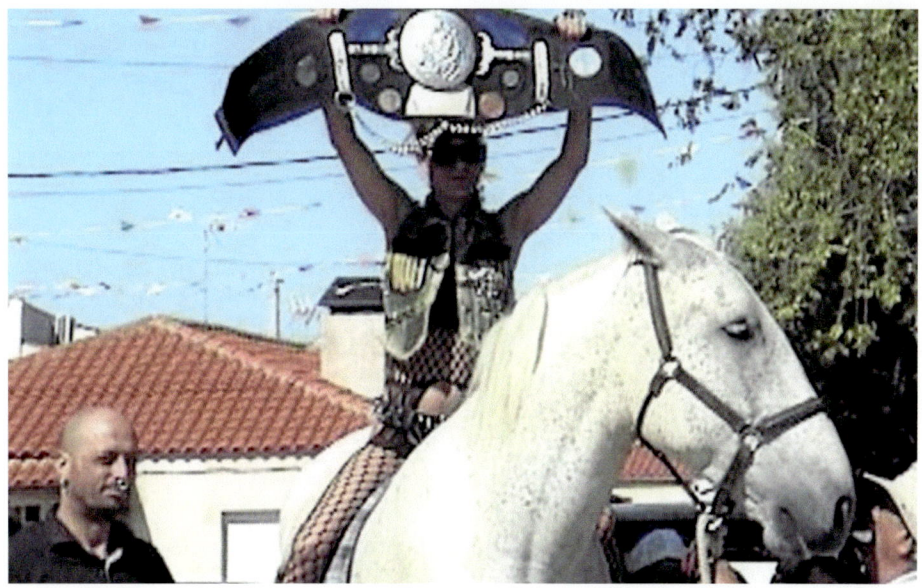
Una jinete exhibe el cinturón de boxeo antes de ser sepultado

Con Domingo Sánchez Blanco como maestro de ceremonias en esta fúnebre exaltación artística, Víctor Pérez dio lectura a un texto titulado «Aprendiendo modales en pueblos crueles». En el texto que confeccionó para la ocasión, Víctor Pérez proclama que «hoy estoy en Morille y yo pienso en Sarasota (Florida). Y estos dos libros y este cinturón serán enterrados aquí hoy como patatas. Y nuestra memoria muscular quedará después como un Renault 5 a estrenar». Augura también este poeta que «dentro de 200 años llegarán aquí los amantes de la ciencia hipnotizados… Este cementerio es la respuesta ibérica a los alcohólicos, a los orgullosos, a los violentos. Hay aquí una determinación total. Y no tardarán en llegar los gusanos jóvenes y sentimentales hacia la dimensión del ternasco literario».

En su disquisición, Víctor Pérez enfatiza el tono de sus reflexiones al pontificar que «este cementerio es el sueño de cualquier buscavidas aspirante a gángster. Este cementerio es una máquina de musculación. Este cementerio es la Casa Blanca de los enunciados impulsivos».

# N.º 51

Fecha del enterramiento:
## 23 de septiembre 2017
Artista:
## ERRE GARCÍA
Obra. Objeto enterrado:
## Un pendrive con fotografías digitales del escritor David González
Epitafio:
## «Todo lo que pudo ser, no será. Todo lo que podía llegar a suceder comienza ahora»
Sinopsis:
Hay obras y procesos, dentro y fuera del Cementerio de Arte, que están envueltos en el misterio. Como revela el epitafio, la incertidumbre y el fatalismo caminan de la mano, de manera inextricable. A poco de producirse el enterramiento del pendrive, comenzaron a sucederse extraños sucesos (una supuesta apropiación indebida de una copia de las imágenes, llamadas telefónicas acusatorias…). Todo, en efecto, empieza (o no) a pasar a partir de ahora.

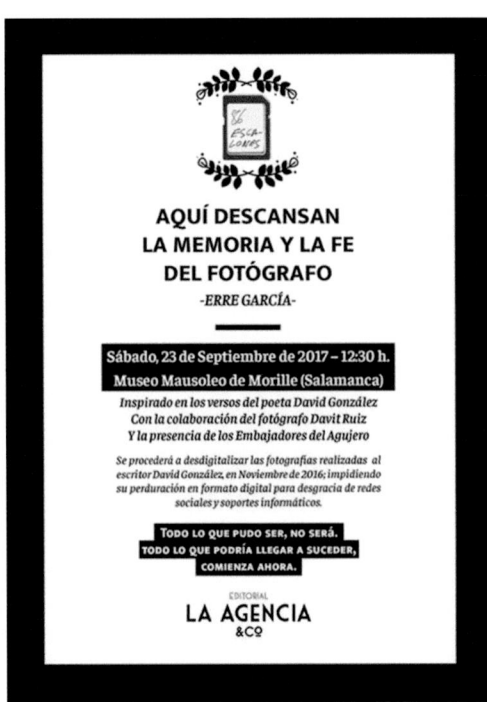

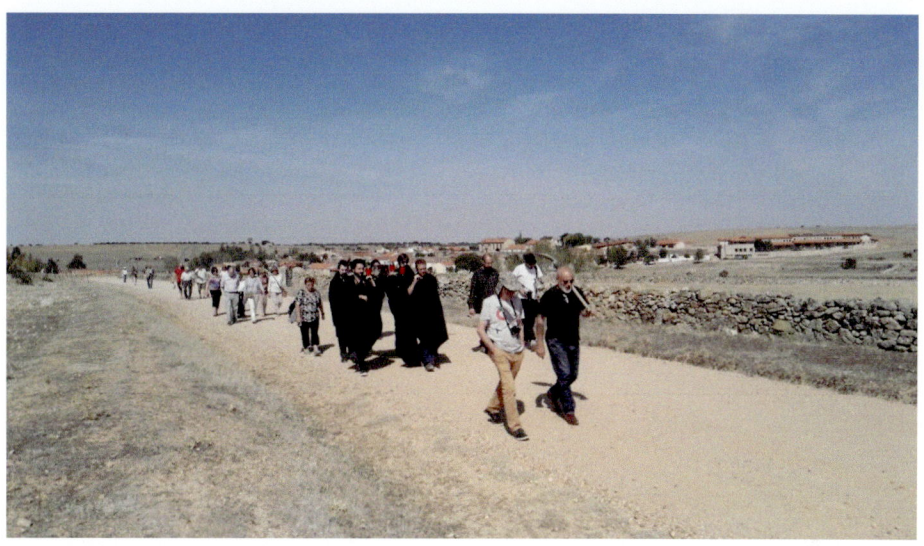

Enigmas y mucho que añadir, matizar y comentar, hay y habrá en el Museo-Mausoleo de Morille

# N.º 52

Fecha del enterramiento:
## 13 de octubre 2017
Artista:
## CLAIRE
Epitafio:
## El manto blanco de la reina. «CLAIRE»
## SOS YORKSHIRE

«Sos Yorkshire» es una asociación de defensa y protección de la raza canina Yorkshire y sus cruces. Su principal tarea consiste en gestionar adopciones de los animales desprotegidos o abandonados de la citada raza, especialmente vulnerable dado su pequeño tamaño.

El enterramiento fue resultado de la colaboración de Domingo con los responsables de «Sos Yorkshire» y se inscribe en la línea o tendencia que muestra el Cementerio de Arte de sensibilización acerca de la dignidad de las mascotas.

# N.º 53

Fecha del enterramiento:
## 4 de Noviembre 2017
Artista:
## ANTONIO MARTÍN MANRESA
Obra:
## Objeto enterrado: Antonio es un micólogo reconocido, que ha escrito múltiples libros sobre el tema y entierra todos los útiles propios de un micólogo y el último libro.
Epitafio:
## Cabeza descubierta «Piedras hongo»

### BIOGRAFÍA

**Antonio Martín Manresa** (Bilbao 1959), también conocido como «Don Seto», fue Barman Profesional y especialista en Artes Gráficas.

Comenzó a interesarse por el mundo de las setas a los 14 años, siguiendo los pasos de dos eminentes micólogos vascos: Roberto Lotina Benguria y Ramón Mendaza Rincón De Acuña.

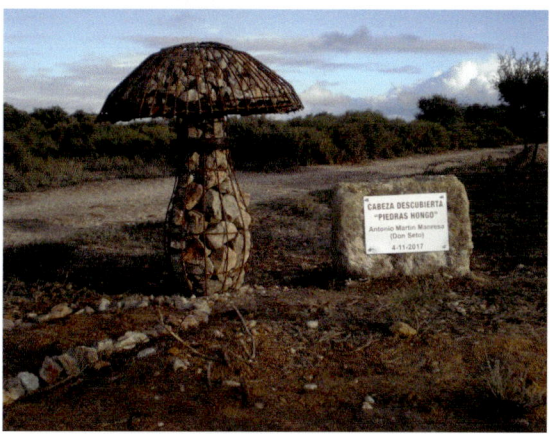

En 1982 se traslada a su tierra paterna, Salamanca, donde regentó el «*Bar Condalito*» o «*Bar de las setas*», como se le llegó a conocer durante 18 años tanto en la capital charra, como en la provincia y en el resto del país.

Ha sido Vicepresidente de la Sociedad Micológica Salmantina «Lazarillo» durante 9 años y Co-fundador de FAMCAL (Federación de

Asociaciones Micológicas de Castilla y León) Actualmente es Presidente de la Asociación Setera «Boleto Negro» de Salamanca.

Aparte de trabajos micológicos para revistas especializadas, es autor de *Cocinar setas. 202 recetas de Don Seto* (2006, Edilesa, León) y *Cocinando setas desde* Salamanca (2014, Diputación de Salamanca), dos recetarios que figuran en las bibliotecas de Asociaciones y Sociedades Micológicas tanto nacionales, como internacionales.

Ha participado en programas de radio, televisión y pasan de 250 sus intervenciones entre artículos, reportajes, entrevistas, etc., en prensa escrita. Lleva más de 44 años aprendiendo e impartiendo conferencias de iniciación a la Micología y Micogastronomía.

Desde 2002 acude todos los años a la que considera «Su Casa», su querida población de Morille.

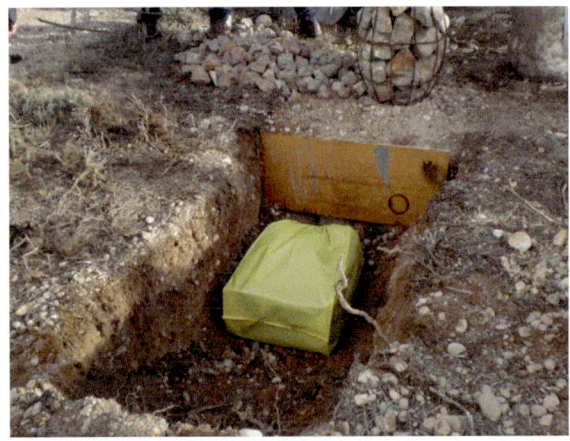

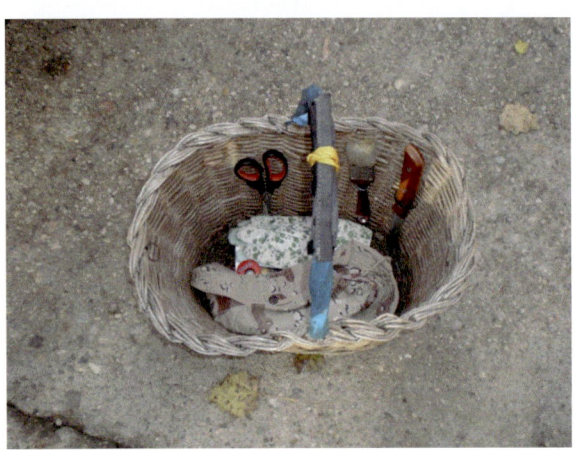

# N.º 54

Fecha del enterramiento:
### 21 de enero 2018
Artistas: Filósofos:
## ERNESTO CASTRO CÓRDOBA y MIGUEL BALLARÍN
Obra:
### Objeto enterrado: Una cantidad de libros de filosofía
Epitafio:

*φιλοσοφία* (610 a. C.-2017 d. C.) *Ἐξ ὧν δὲ ἡ γένεσίς ἐστι τοῖς οὖσι καὶ τὴν φθορὰν εἰς ταῦτα γίνεσθαι κατὰ τὸ χρεών· διδόναι γὰρ αὐτὰ δίκην καὶ τίσιν ἀλλήλοις τῆς ἀδικίας κατὰ τὴν τοῦ χρόνου τάξιν.*

### Ernesto Castro y Miguel Ballarín.

De donde las cosas tienen su origen, hacia allí deben sucumbir también según necesidad; pues tienen que expiar y ser juzgadas por su injusticia de acuerdo con el orden del tiempo.
(Anaximandro)

## BIOGRAFÍAS

**Miguel Ballarín** (Madrid, 1993) es filósofo, bailarín, poeta y escritor.

Máster en Estudios Avanzados de Filosofía por la Universidad Complutense de Madrid; autor en la sección de Política en el medio digital *La Grieta* y colaborador de la sección de Feminismo en el periódico online *El Cotidiano*; organizador del congreso Ideología y Presente.

Lleva bailando break o bboying desde 2008. Es director de la compañía Co-lapso de danza urbana contemporánea, seleccionada para las residencias de creación en el Centro de Danza Canal de Madrid.

**Ernesto Castro** (Madrid 1990). Filósofo; Máster en Filosofía Analítica por la Universidad de Barcelona; autor de *Contra la postmodernidad* (Barcelona, 2011) y *Un palo al agua. Ensayos de estética* (Murcia, 2016); coordinador de *El arte de la indignación* (Salamanca, 2012); colaborador en *Red-acciones* (Valladolid, 2010), *Tenían veinte años y estaban locos* (Almería, 2011), *Humanismo-animalismo* (Madrid, 2012) e *Indignación y rebeldía* (Madrid, 2013).

Ernesto Castro es un pensador moderno, que defiende a los clásicos como pensadores macarras y que da sus conferencias con camisetas del Athletic.

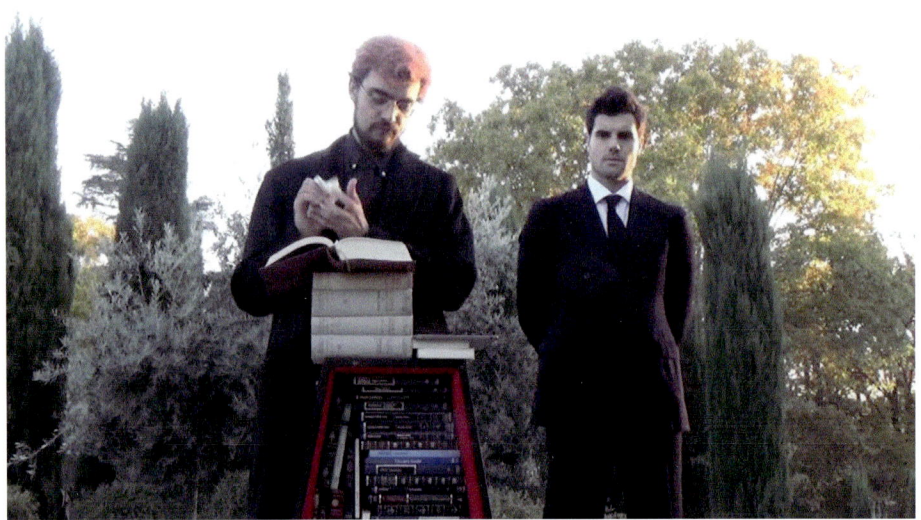

Intervención de Ernesto Castro, meses antes del enterramiento en Morille: «Hola a todos. Estamos aquí reunidos, hoy, 16 de noviembre de 2017, día mundial de la filosofía, en el Bosque del Recuerdo del Parque del Retiro de Madrid, uno de los pocos monumentos funerarios que hay en el centro de la ciudad, delante de este ataúd lleno de clásicos de la filosofía con el objetivo de reflexionar sobre la muerte (o no) de la misma.

Un tercio de estos libros va a ser incinerado, otro tercio se va a reciclar para imprimir una tirada limitada de este discurso y del discurso que va a pronunciar Miguel Ballarín después, y el tercio restante va a ser enterrado en **el Museo-Mausoleo de Morille, provincia de Salamanca**, el único museo del mundo en el que las obras de arte no se exponen sino que se entierran, donde hay obras enterradas de Fernando Arrabal, Isidoro Valcárcel Medina y Esther Ferrer, y donde están enterradas también las cenizas del artista y filósofo Pierre Klossowski».

# N.º 55

Fecha del enterramiento:
## 10 de marzo de 2018
Artistas:
## LOBOS NEGROS GRUPO DE ROCK&ROLL
Epitafio:
## El Rock n'Roll cura la tontería 10-marzo-2018
Obra:
## Objetos enterrados: diferentes objetos de su recorrido artístico y cerámica de Talavera

Nacidos de la estepa castellana, en Talavera de la Reina, tierra de pantanos y cerámica, estos tres Lobos Negros llevan más de treinta años aullando por todo el planeta. Son quince discos a sus espaldas desde que se estrenaron en el Rock-Ola, templo de la Movida Madrileña, convirtiéndose en uno de los grupos españoles más destacados del revival rockabilly a finales de los ochenta.

Sus giras internacionales han dejado huella en Méjico, Finlandia, Estonia, Francia, Inglaterra o Austria. Como artistas invitados han acompañado a Brian Setzer, Eric Sardinas o The Meteors, entre otros.

Han colaborado en docenas de discos, participado en múltiples homenajes a otros artistas, musicalizado poemas y compuesto canciones para películas, sobre todo de Álex de la Iglesia, con el que han tenido múltiples colaboraciones.

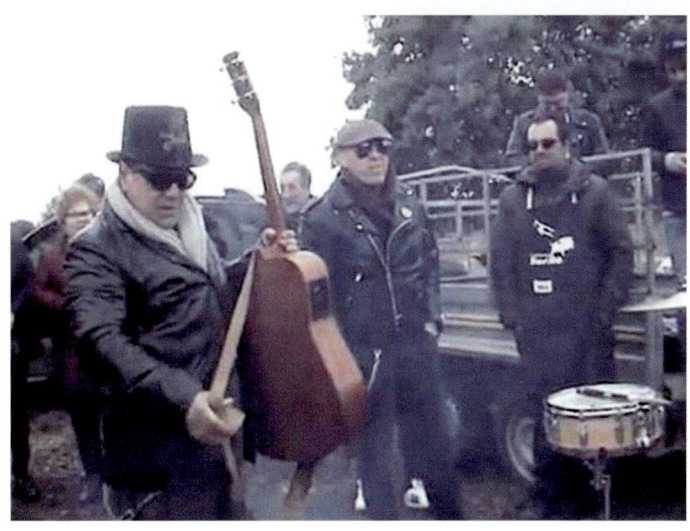

Su música es considerada un cóctel explosivo de alto calibre, rock & roll, psychobilly, garage, dosis de rock sureño, blues pantanoso y cualquier elemento aditivo al oído que enganche y tenga fuerza.

Ellos son: Luis Martín Gil (composición, voz y guitarra), José Luis Bielsa (bajo y coros) y Ricardo Virtanen (batería, percusión y coros).

En el cementerio de Morille enterraron una serie de objetos de «Lobos Negros», entre ellos carteles del grupo, de la guitarra de cerámica y de su último disco, así como una camiseta de la Asociación Músico Cultural Always Elvis, y un botijo elaborado por Cerámicas Óscar. Se enterraron mediante una representación que simbolizaba los 4 elementos y bajo una losa con el epitafio «El rock&roll cura la tontería», después de un «cortejo fúnebre» con la Banda de Música.

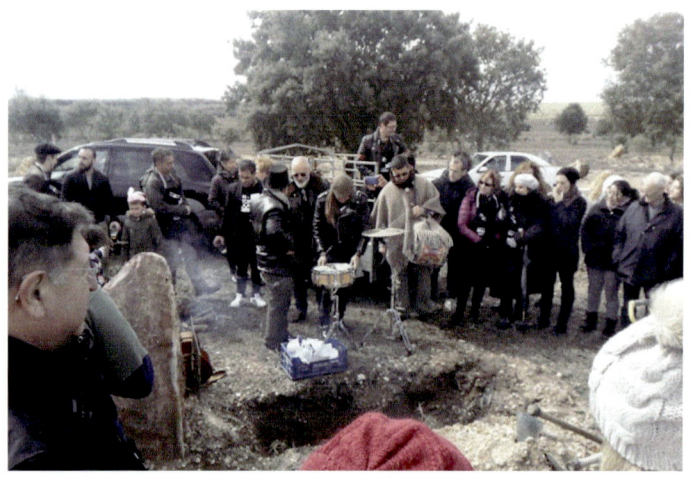

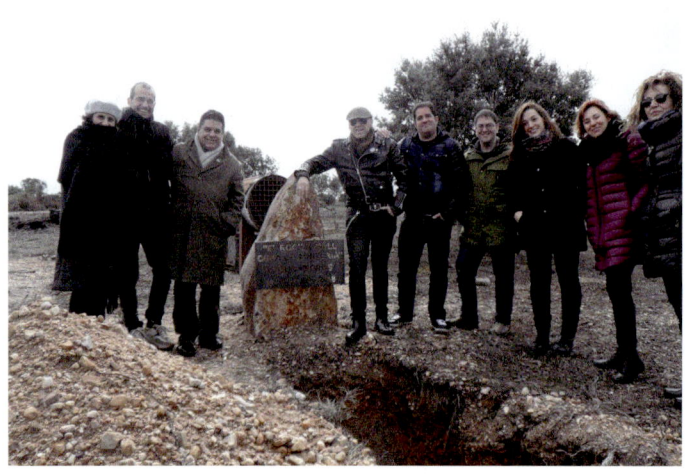

# N.º 56

Fecha del enterramiento:
**28-VII-2018**
Artista:
**NICK STOVE**
Objeto enterrado:
**UN ALA DELTA (con la que Antonio Morán voló del Valle del Jerte a Morille y fue recibido por un grupo de buitres. Cruce de caminos en el cielo para elevarse aún más sobre las fronteras en un encuentro irrepetible que, esperemos, siga creando lazos el estío que viene)**
Epitafio:
**Genealogía de un desencuentro. Ala delta 2006-2018.
Antonio Morán**

## BIOGRAFÍA

**Antonio Morán** (Malpartida de Plasencia, Cáceres, 1956).

Después de encontrar en la talla de la madera una vocación, decide irse a Salamanca a los 24 años a aprender modelado y dibujo en la Escuela de Artes de San Eloy. Tras el paso por diversos talleres de escultura inicia su andadura en solitario con su propio taller establecido en el valle del Jerte.

Además de su obra personal, Morán ha colaborado con otros artistas, entre los que cabe destacar a Bernardí Roig y Avelino Sala.

*El vuelo de Nick Stove* habla sobre la persecución del objetivo de volar por parte del ser humano, la necesidad de alcanzar aquello que solo había sido entregado a las aves. Habla de Ícaro y Dédalo, de Rodrigo Alemán, y de muchos otros que persiguieron el enfrentarse a los dioses.

En el texto siguiente, Fernando Castro Flórez describe lo vivido la tarde del 28 de julio de 2018 en el pueblo de Morille y el enterramiento que tuvo lugar posteriormente:

«Sucedió, como en las grandes ocasiones, al crepúsculo, con el sol declinando a las espaldas de los "costaleros": un puñado de héroes mesetarios, vecinos de Morille, cargando con el ala delta del mítico Nick Stove.

Stove pertenece a la estirpe de los raros de solemnidad, artista impar, sujeto esquivo e incluso corrosivo cuando topaba con las hordas del "bienalismoatufador" (una expresión que traduce una serie de insultos de alto voltaje que ahorro al lector).

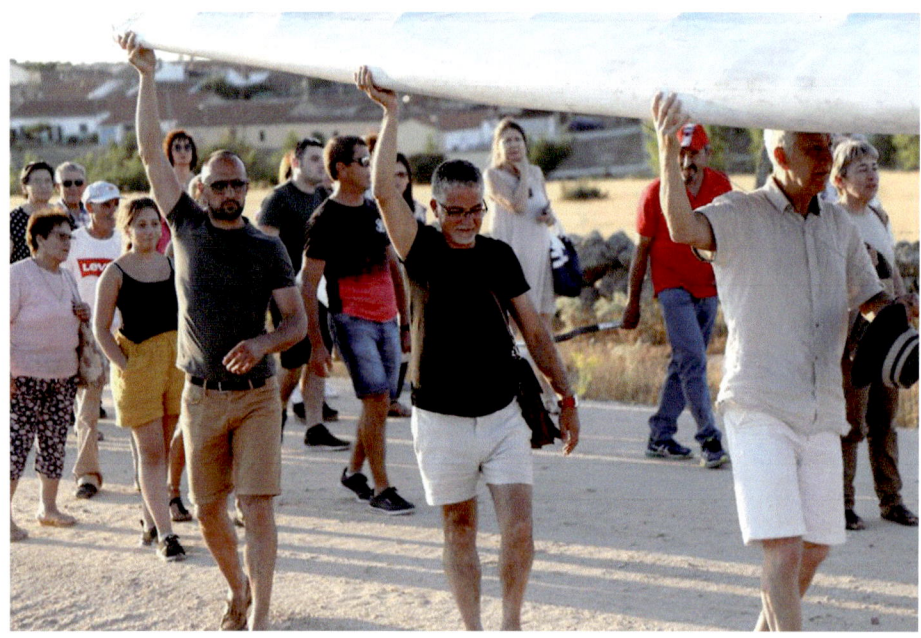

A finales de los años ochenta, cuando el postmodernismo se revelaba como una parida vomitiva, sostenida por cínicos adictos a la cursilada, lanzó una conferencia, asistido por un par de secuaces aparentemente expertos en psicofonías, que ponía en solfa al estamento curatorial al mismo tiempo que trazaba su destino: "Volar es necesario, vivir no", dijo parafraseando y modificando una frase de resonancia romántica. Estoico por naturaleza (valga esta perogrullada como descripción definida), prosiguió con su afán de "hacer lo que se dice" y así desplegó su ala delta para trazar recorridos que, según parece, son dibujos efímeros de carácter leonardesco. En una nota a pie de página de un libro de Hal Foster encontré el nombre de Stove con una coletilla desconcertante: "Singular en sus levitaciones". Daba la impresión de que estaba aludiendo a un maestro del yoga o a un chamán extemporáneo. Domingo Sánchez Blanco y yo mismo emprendimos la búsqueda del interfecto sin la ayuda de Paco Lobatón y, aunque nos dio el esquinazo en innumerables ocasiones, terminamos comprometiéndolo en el libro *Matarile*, que es una de las pocas joyas bibliográficas que se han producido en las últimas décadas.

Me crucé con Stove en la Bienal de Venecia del 2013 y, en un papelito que calificó de "código mafioso", escribió, como de costumbre, pocas palabras: "Chabola por Palacio tienen, rastrera enciclopedia". Me amenazó, con una sonrisa siniestra en los labios, con soltar sobre el Arsenale una bomba formada por los volúmenes de la "Encyclopédie", no sin apostillar que "el ensayo sobre la ceguera de Diderot describe el presente con estricta óptica de precisión".

Conseguí comprometerle para que emprendiera un vuelo desde las estribaciones de la Sierra de Gredos hasta Morille. Cabal como si fuera gitano viejo, emprendió peligrosos intentos con una imagen en la retina: "La caída de Ícaro" de Brueghel. Finalmente, los costaleros abrasados en una tarde de julio han cargado con el ala de Stove. El Mariquelo, encaramado en esta ocasión no en la picuruta de la Catedral sino en lo alto de Domingo Sánchez Blanco, tocó himnos destemplados a la Legión y la Internacional».

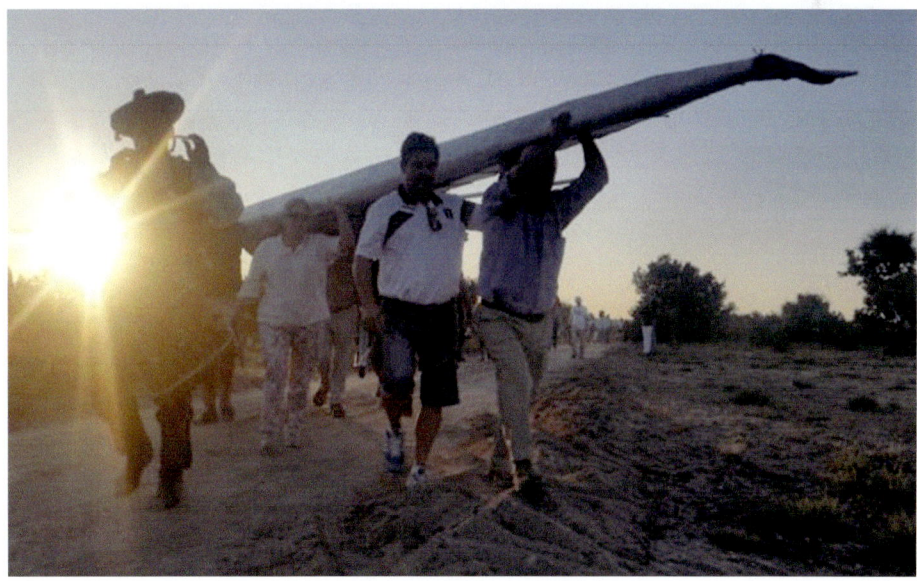

# N.º 57

Fecha del enterramiento:
## 13-X-2018
Artistas:
## ARTISTAS NO ARROGANTES Y COMPROMETIDOS: ANAMUSMA, ANDREA PERISSINOTTO, ARMANDO GÓMEZ, BEGOÑA CID, BELÉN ELORRIETA, BIBIANA LA LÍA, BORJA ECHEVARRÍA, CARLOS BARRADO, CAROL SOLAR, CECILIA MONTAGUT, DAVID BURBANO, DORA ROMÁN, ELENA CAMPO, FERNANDO BAENA, FLORENCIA KETTNER, GALERÍA EDURNE, IBÍRICO, IDOIA HORMAZA, IRENE CRUZ,JOAQUÍN MADERA, JORGE GALÁN, JOSÉ LUIS NIETO, JUANJO FUENTES, JULIA CUADRADO, LAURA G. VILLANUEVA, LOLA CAÓTICA,MARIBEL BINIMELIS, MARIO GUTIÉRREZ CRU, MARTA M MATA, MARTA PÉREZ IBÁÑEZ, MIMI RIPOLL, MONIKA RÜHLE, MONTSE GÓMEZ OSUNA, OLGA ISLA, PABLO MONCADA, PATRICIA MATEO, PATRICIA MAYORAL, SARA SARABIA,TERESA LORING, VÍCTOR RIPOLL, VÍCTOR ROYÁS

Obra:
## Objetos enterrados: cada uno de los artistas quemó una de sus obras y enterraron las cenizas en un columbario
Epitafio:
## In girum imus et consumimur igni

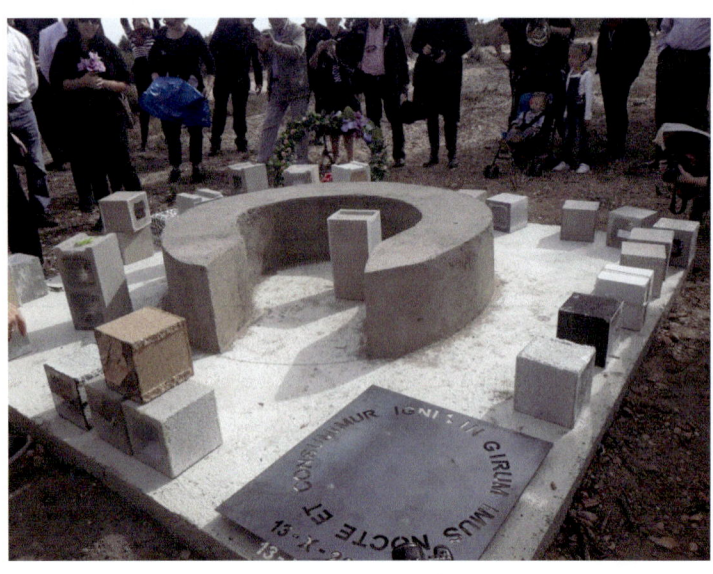

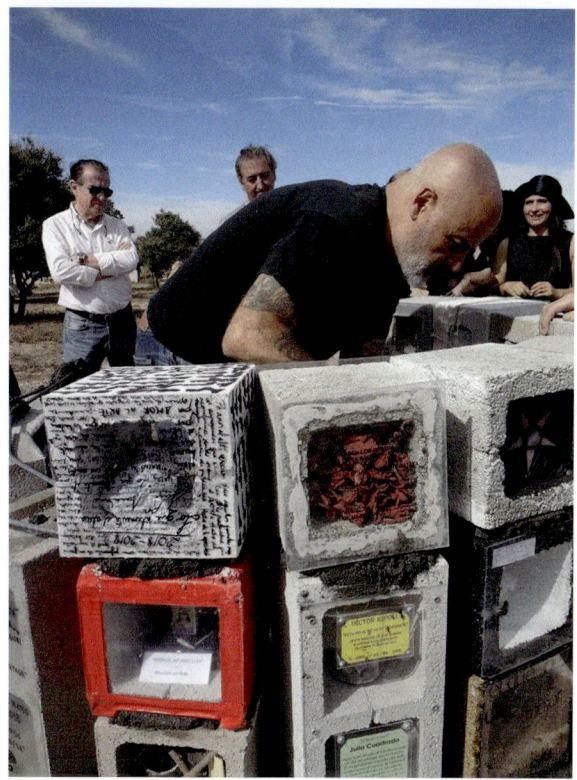

El **Cementerio de Arte** de **Morille** acogió el 13 de octubre, a las 12 de la mañana, una nueva actividad del proyecto **«Defunción de Arte»**. Se trató de una acción performance que reunió a un grupo de artistas de Madrid y otras ciudades, y muchos curiosos, para enterrar las cenizas de obras de arte que previamente se habían incinerado en el Peñón del Cuervo, de Málaga.

Una larga comitiva de coches trasladó a los artistas, vestidos de riguroso luto, hasta Morille. Traían consigo las cenizas de diferentes obras de arte de cada uno de ellos y contenidas en pequeños bloques de hormigón.

El enterramiento de las obras de estos «artistas no arrogantes y comprometidos» forma parte del proyecto que dirigen Olga Isla, Laura González Villanueva y Mimí Ripoll. Las obras descansarán en Morille, tras ser incineradas el pasado mes de junio en Málaga. Fueron veladas el 11 de octubre en Lalatente de Madrid y el sábado se celebró el velatorio y el sepelio en el Cementerio del Arte, según reza en la esquela artística del evento.

# ROGAD AL MERCADO DEL ARTE EN CARIDAD

## por la obra y trabajo de los

# ARTISTAS NO ARROGANTES Y COMPROMETIDOS

ANAMUSMA, ANDREA PERISSINOTTO, ARMANDO GÓMEZ, BEGOÑA CID, BELÉN ELORRIETA, BIBIANA LA LÍA, BORJA ECHEVARRÍA, CARLOS BARRADO, CAROL SOLAR, CECILIA MONTAGUT, DAVID BURBANO, DORA ROMÁN, ELENA CAMPO, FERNANDO BAENA, FLORENCIA KETTNER, IBIRICO, IDOIA HORMAZA, IRENE CRUZ, JOAQUÍN MADERA, JORGE GALÁN, JUANJO FUENTES, JULIA CUADRADO, LAURA GONZÁLEZ VILLANUEVA, LOLA CAÓTICA, MARIBEL BINIMELIS, MARIO GUTIÉRREZ CRU, MARTA M MATA, MARTA PÉREZ IBÁÑEZ, MIMI RIPOLL, MONTSE GÓMEZ OSUNA, OLGA ISLA, PABLO MONCADA, PATRICIA MATEO, PATRICIA MAYORAL, SARA SARABIA, TERESA LORING, VÍCTOR RIPOLL, VÍCTOR ROYÁS

La obras de la mayoría de los artistas, después de una larga y dolorosa agonía, fueron incineradas en riguroso orden el pasado día 23 de junio de 2018 en el Peñón del Cuervo (Málaga).

En el solemne acto participaron artistas de diferentes disciplinas, curiosos y gente que pasaba por allí, todos rindieron la pleitesía debida a tan digna obra artística.

Otras obras, las menos, fueron sacrificadas aisladamente por sus autores.

## R.I.P.

### Sus compañeros y amigos

**RUEGAN** la asistencia al velatorio de las cenizas artísticas que tendrá lugar en LALATENTE (calle Av. Pedro Díez, 21 bis, piso 1º7 MADRID) el próximo día 11 de octubre a las 19h, y después, el día 13 de octubre a partir de las 12h en MORILLE (SALAMANCA), tendremos el velatorio y el sepelio en el CEMENTERIO DEL ARTE.

www.takeawayprocesscontemporaryart.com

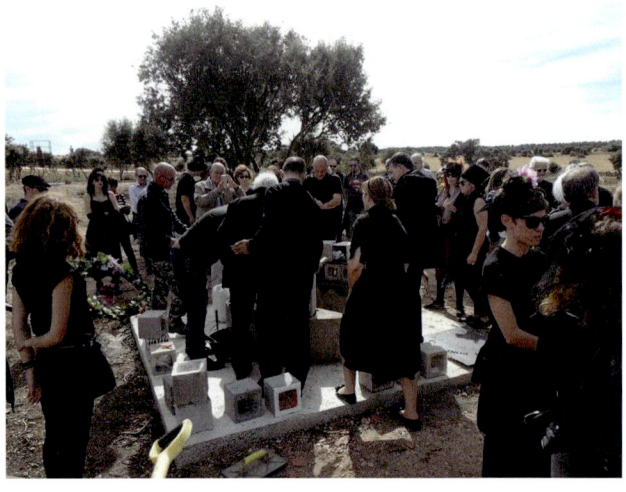

# N.º 58

Fecha del enterramiento:
## 10 de noviembre 2018
Artista:
## ROLANDO PEÑA
Obra enterrada:
## «EL ENTIERRO DEL PETRÓLEO. AQUELARRE SONORO»
## Se entierra un barril de petróleo y una planta
Epitafio:
## Petróleo seré, mas petróleo enamorado

## BIOGRAFÍA

**Rolando Peña Díaz** (Caracas, 1942) se inició en el teatro en 1958, cuando estudiaba en el Liceo Andrés Bello, en Caracas, y cursó estudios en la Escuela Cristóbal Rojas; en 1960 estudió en la Escuela de Teatro del Sindicato de Radio y Televisión; un año más tarde cursó danza moderna, después continuó su capacitación en la danza en Nueva York.

Posteriormente asistió a clases de diseño en la Facultad de Arquitectura y Urbanismo de la Universidad Central de Venezuela, UCV (1963-65). En 1965 produjo los primeros espectáculos multimedia realizados en su país, en la Facultad de Arquitectura y Urbanismo de la UCV. Peña fue uno de los primeros artistas en hacer espectáculos multimedia –en los que integraba danza, teatro, proyecciones de imágenes, cine y textos– en Latinoamérica. Estos abrieron las puertas del conceptualismo en un territorio que se debatía aún entre la búsqueda de su identidad cultural y la indagación en los nuevos lenguajes.

Vivió en Nueva York (1965-72); y en 1967 fundó el primer grupo latinoamericano de vanguardia, trabajando como actor en películas del artista plástico y cineasta estadounidense Andy Warhol (1928-87). En 1972 fundó el Taller Integral de Danza en el Ateneo de Caracas y luego protagonizó el cortometraje en súper ocho *El Príncipe Negro* (1975), nombre que empleará luego como seudónimo y con el cual se dará a conocer.

En los años ochenta comenzó a trabajar con el concepto del petróleo, realizando numerosas obras de arte conceptual.

El tema del petróleo –y el barril, como su concreción simbólica– aparece en su obra en los años ochenta. En el variado panorama de su producción, el barril pasa a ser un signo inconfundible de su lenguaje. En la obra de Rolando Peña el barril de petróleo alude a la omnipresencia de este combustible en el mundo contemporáneo. Para el artista este es «una fuerza maravillosa y mágica», cuya cara negativa comporta «una gran decepción: el vasto camuflaje de la historia contemporánea». Peña entiende toda energía como una fuerza que acompaña el delicado equilibrio del universo, pero que también puede llegar a destruirlo.

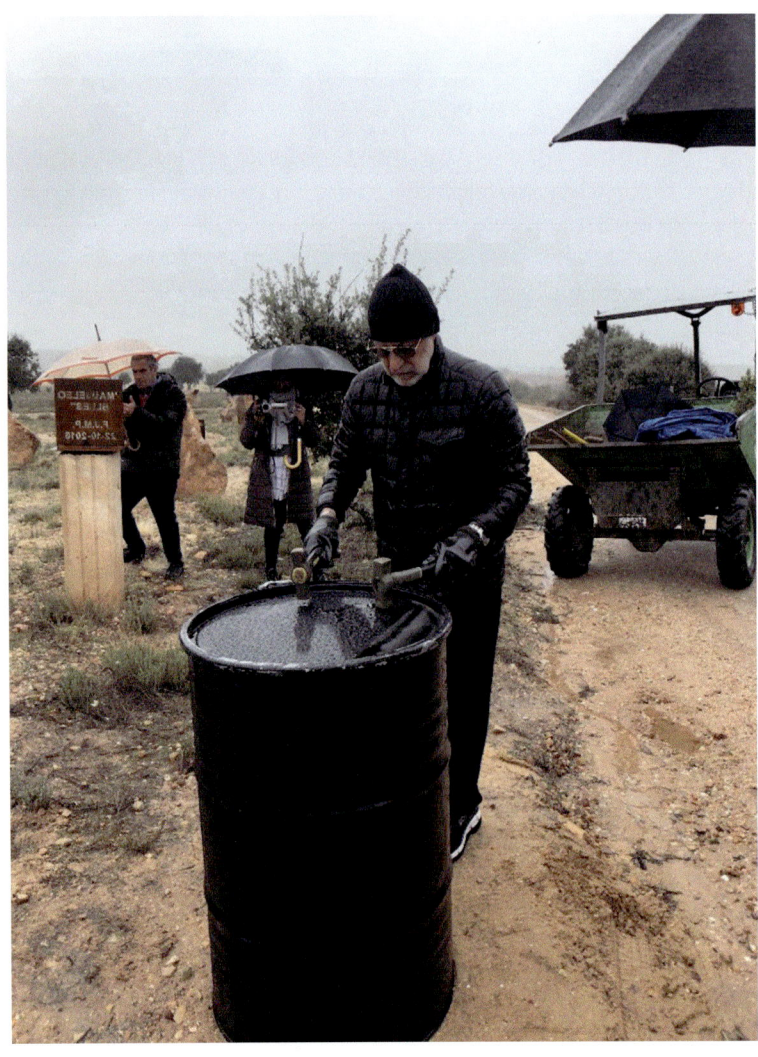

Ha recibido diferentes premios: de fotografía, de adquisición, de escultura in situ.

En palabras del propio Rolando Peña, el rol del artista es el de abrir puertas y ventanas. El arte es comunicación y definitivamente es el gran reto de la inteligencia.

Bajo una insistente lluvia y antes de enterrar el barril de petróleo y el arbolito, Peña realizó un aquelarre sonoro con dos martillos sobre el barril.

# Nueve criptas para Nueve músicos

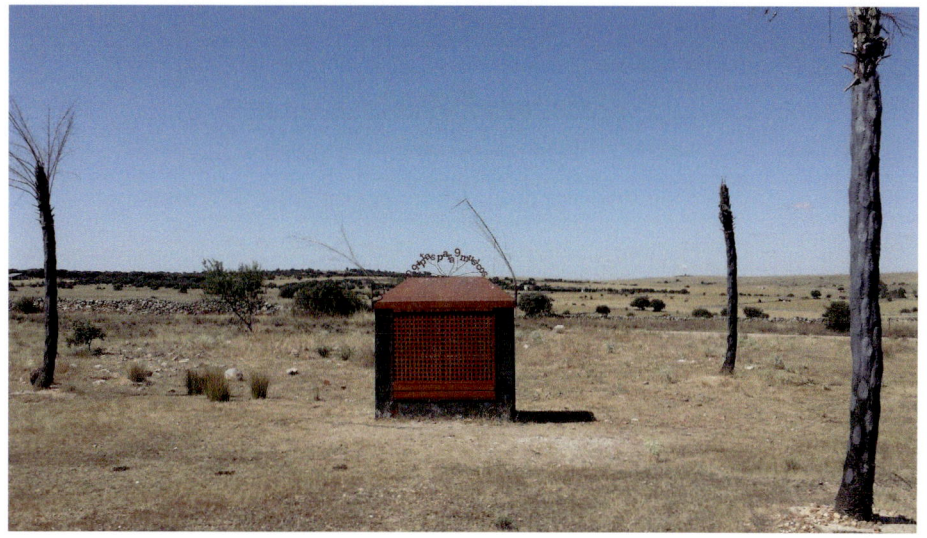

**«9 criptas para 9 músicos»** es un proyecto con carácter propio integrado en el global del Cementerio de Arte. Se trata de un espacio específico pensado con dos fines fundamentales: por una parte (hablamos de criptas), la intención es sepultar ahí enterramientos de iniciativas o piezas vinculados expresamente a la creación y la experimentación musical, o, si se prefiere, a la vanguardia sónica; asimismo se pretende que esta parte del Museo-Mausoleo sea una especie de plaza pública, desde luego al aire libre, con los rasgos lúdicos y de encuentro que caracterizan tales lugares.

El área destinada para las «9 criptas» es de carácter circular, constituyendo el perímetro las criptas propiamente dichas y el centro (el centro de la futura plaza) una pieza ya ejecutada. En efecto, se trata de un cubículo rectangular, construido con ladrillo y acero, que alberga en su interior un piano; en la cara que mira hacia el Oeste luce un grafiti en el que puede verse a Domingo Sánchez Blanco, en actitud reflexiva, contemplando una calavera.

La pintura es obra de un extraordinario muralista, Hugo Lomas, sin duda más conocido por su nombre artístico, *Sfhir* (www. sfhir.com; en facebook: *Sfhir Ogt Lcsiete*). El cubículo fue inaugurado el 2 de julio de 2010 con una «interpretación» al piano de Juan Hidalgo, piano que, como queda dicho, se guarda en su interior (véase enterramiento número 18).

Al igual que otros enclaves del Cementerio de Arte, el espacio de las «9 criptas» fue en su momento vertedero de escombros, cuyo rastro, en el momento de publicación de este libro, aun se percibe entre los movimientos de tierras. En consonancia con el propósito general del Museo, se intenta, en definitiva, recuperar para el disfrute de la ciudadanía tales espacios abandonados o degradados…

# EL CEMENTERIO DE ARTE DE MORILLE EN LA RED MOUSEION

La inclusión del **Cementerio de Arte de Morille** en la red Mouseion se produjo en Guarda (Portugal), con diversos representantes de los museos ibéricos que constituyen la citada Plataforma. Justísimo es reconocer aquí la labor generosa y la visión de futuro que desplegó, para que esta inclusión fuera posible (y para el éxito de otras iniciativas de Morille), João Mendes Rosa, arqueólogo, historiador, gestor cultural, pensador y escritor, desgraciadamente fallecido de forma inesperada y prematura.

El **Ayuntamiento de Morille**, integrante de la gestora que coordina el Cementerio de Arte, bajo la guía de su inspirador y principal valedor, **Domingo Sánchez Blanco**, ha querido expresar su satisfacción y agradecimiento a los representantes de Mouseion y a todos aquellos que, a lo largo de estos años (artistas, vecinos de Morille, empresas, asociaciones, colectivos diversos, simpatizantes y amigos en general) han colaborado y trabajado generosamente, ajenos al desaliento, para que el Museo-Mausoleo de la localidad se convierta en un referente de la vanguardia artística en nuestro país.

# CARTOGRAFÍAS

Florencio Bermejo Parra

Entre sus numerosas colaboraciones altruistas con el Ayuntamiento de Morille, Florencio Bermejo Parra (1950-2023) levantó, a partir de estudios topográficos previos y de paseos *in situ*, la cartografía detallada del Cementerio de Arte, que comprende no solamente su estado actual sino su proyección futura; adjuntamos aquí una muestra.

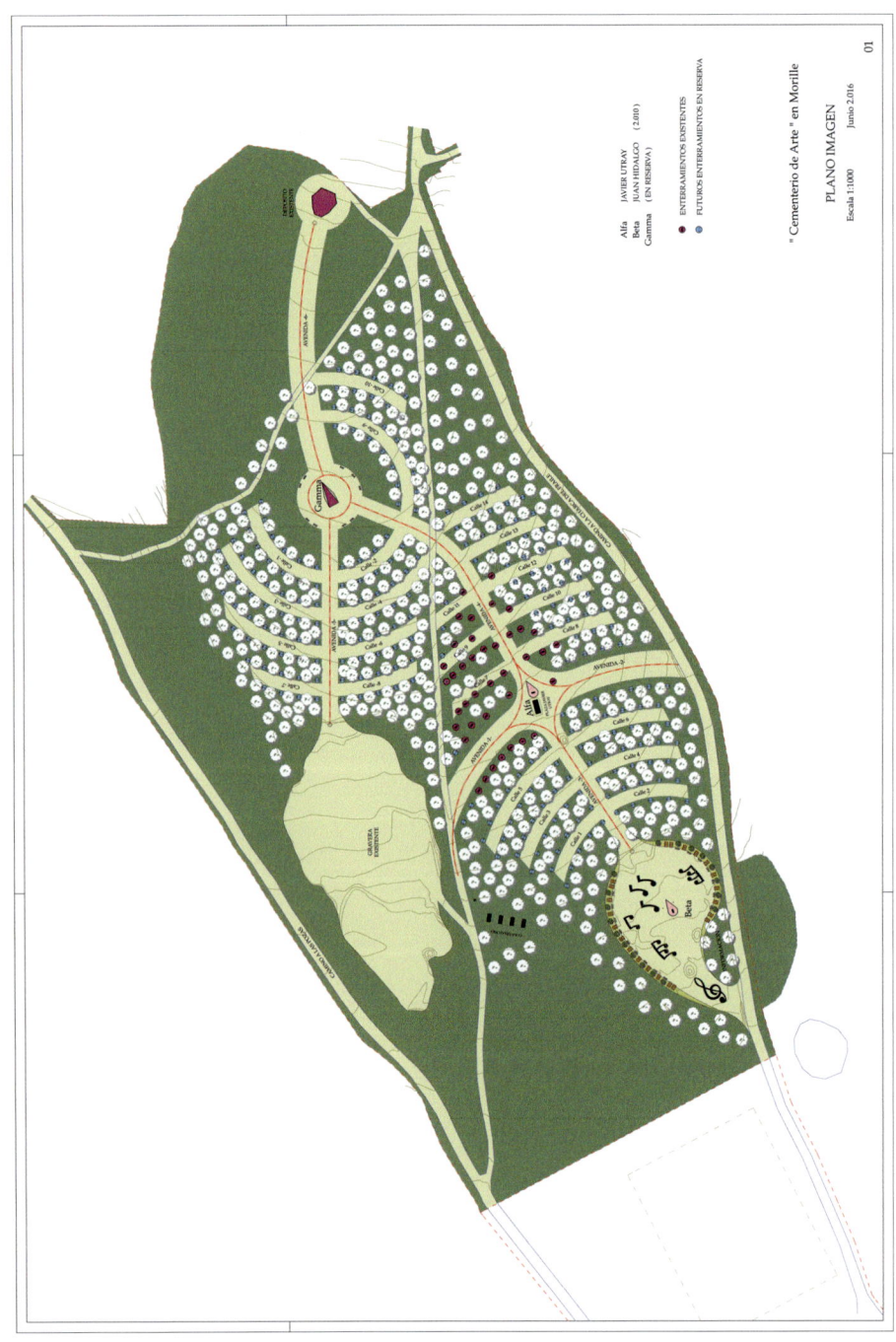

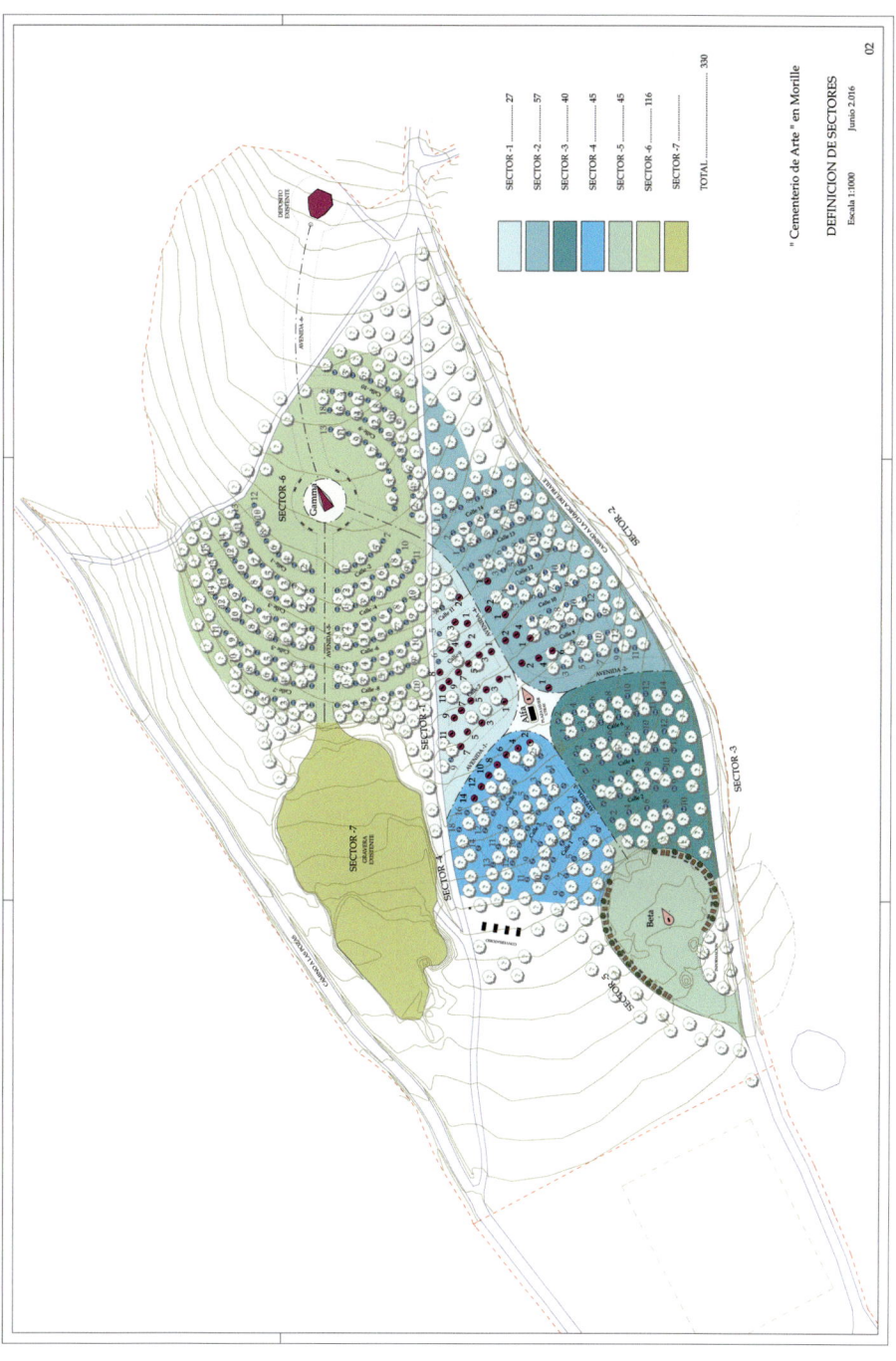

"Cementerio de Arte" en Morille

DEFINICION DE SECTORES

Escala 1:10000    Junio 2.016

SECTOR -1 ........... 27
SECTOR -2 ........... 57
SECTOR -3 ........... 40
SECTOR -4 ........... 45
SECTOR -5 ........... 45
SECTOR -6 ........... 116
SECTOR -7 ...........

TOTAL ............ 330

02

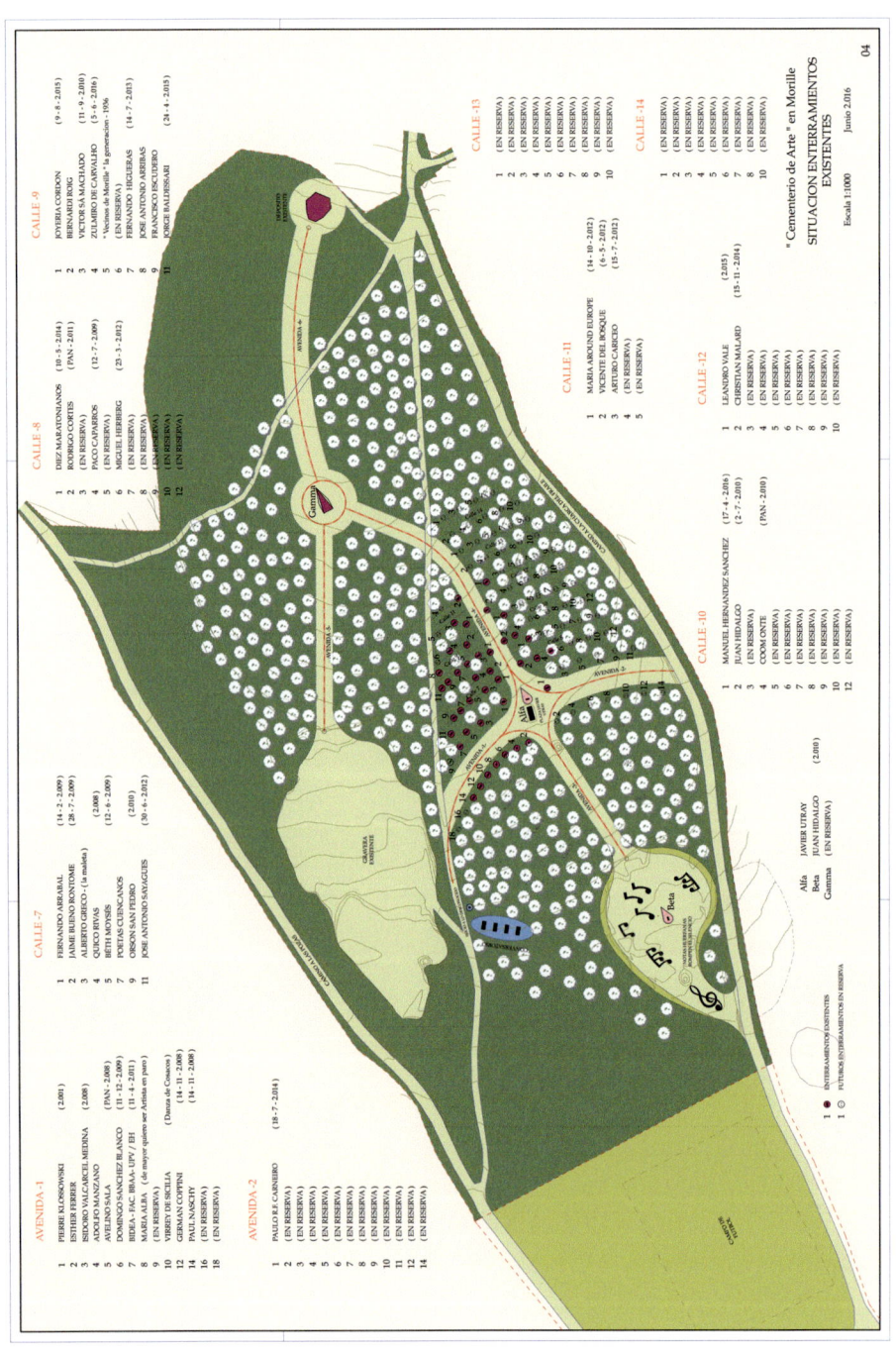

ESTE LIBRO DEL CEMENTERIO DE ARTE
O MUSEO-MAUSOLEO DE MORILLE,
QUE COMPRENDE LA NOTICIA Y DESCRIPCIÓN
DE LOS 58 PRIMEROS ENTERRAMIENTOS,
SE TERMINÓ DE IMPRIMIR
A POCOS MESES DE LA CONMEMORACIÓN
DEL VIGÉSIMO ANIVERSARIO
DESDE SU CREACIÓN,
CUANDO EL NÚMERO TOTAL
DE PIEZAS SOTERRADAS
SE ACERCA A LA CENTENA.